Hermann Lotze

Grundzüge der Logik und Enzyklopädie der Philosophie

Diktate aus den Vorlesungen

Hermann Lotze

Grundzüge der Logik und Enzyklopädie der Philosophie
Diktate aus den Vorlesungen

ISBN/EAN: 9783743614246

Hergestellt in Europa, USA, Kanada, Australien, Japan

Cover: Foto ©Thomas Meinert / pixelio.de

Weitere Bücher finden Sie auf **www.hansebooks.com**

Grundzüge

der

Logik

und

Encyklopädie der Philosophie

Diktate aus den Vorlesungen

von

Hermann Lotze

Zweite Auflage

Leipzig
Verlag von S. Hirzel
1885

Inhalt.

	Seite
I. Logik	5
Einleitung	5
Erster Hauptteil. Reine Logik	8
Erstes Kapitel. Von der Bildung der Begriffe	8
Zweites Kapitel. Von den Urteilen	18
A. Vorbemerkungen und gewöhnliche Einteilung der Urteile	18
B. System der Urteilsformen	23
C. Die unmittelbaren Folgerungen aus den Urteilen	34
Drittes Kapitel. Von den Schlüssen	39
A. Von den Aristotelischen Figuren	39
B. Die Formen des Rechnens	51
C. Von den systematischen Formen	57
Zweiter Hauptteil. Angewandte Logik	63
Erstes Kapitel. Von der Anwendung der Begriffsformen	63
Zweites Kapitel. Von der Beweisführung	69
Drittes Kapitel. Von dem erfindenden Gedankengang	78
II. Encyklopädie der Philosophie	94
Einleitung	94
Erster Abschnitt. Theoretische Philosophie	100
Zweiter Abschnitt. Praktische Philosophie	114
Dritter Abschnitt. Religionsphilosophie	116

I. Logik.

Einleitung.

§ 1.

Je nach der zufälligen Verbindung, in welcher die äußeren Reize auf uns einwirken, entstehen in uns mancherlei Vorstellungen, zugleich oder nacheinander, die nach der Natur ihres Inhalts nicht immer einen inneren Zusammenhang haben. Da ferner Gedächtnis und Erinnerung diese Vorstellungen in denselben Verknüpfungen, die sie bei ihrer Entstehung hatten, festhält und wiederbringt, so finden sich in unserem Vorstellungsverlaufe sehr oft einander ganz fremde, innerlich zusammenhanglose Vorstellungen in einer zwar thatsächlichen, aber grundlosen Verknüpfung vor.

§ 2.

Die sinnliche Wahrnehmung bietet uns außerdem die Eindrücke einiger Sinne, namentlich die des Gesichts, in einer gegenseitigen räumlichen Ordnung dar, die nicht, wie die oben angeführte Verknüpfung, ein zufälliges Zusammensein der einzelnen farbigen Punkte ist, sondern allerdings auf der eigenen Natur des Wahrgenommenen beruht. Gleichwohl nennen wir dies noch nicht Denken, sondern Anschauen, und zwar deshalb, weil wir zwar finden, daß die Ordnung der einzelnen Punkte unabänderlich ist, weil wir sie aber doch bloß als eine thatsächliche wahrnehmen, ohne noch die Gründe zu verstehen, um deren willen jeder Punkt seine Lage zu anderen hat.

§ 3.

Sowohl von jenem Vorstellungsverlauf, als von diesem Anschauen pflegen wir das Denken als eine höhere, in sich zusammenhängende Thätigkeit zu unterscheiden, welche das von jenen beiden dargebotene Material von Vorstellungen bearbeitet, gestaltet und verknüpft. Ihre wesentliche Tendenz kann dahin ausgesprochen werden, daß der denkende Geist sich nicht begnügt, die Vorstellungen in denjenigen Verbindungen hinzunehmen, in welche sie der Zufall des physischen Mechanismus gebracht hat. Vielmehr ist das Denken eine fortwährende Kritik, welche der Geist an dem Material des Vorstellungsverlaufs ausübt, indem er die Vorstellungen trennt, deren Verknüpfung sich nicht auf ein in der Natur ihrer Inhalte liegendes Recht der Verbindung gründet, während er diejenigen Vorstellungen, deren Inhalt eine Verknüpfung duldet oder verlangt, nicht nur verbunden läßt, sondern ihre Verbindung zugleich in einer neuen Form der Auffassung und des Ausdrucks rekonstruiert, aus welcher das Recht dieser Verknüpfung sich ersehen läßt.

§ 4.

Nehmen wir (nicht als positive Behauptung, sondern nur als Hülfsmittel der Erläuterung) an, daß die Tiere zwar den erwähnten Vorstellungsverlauf, aber kein eigentliches Denken besitzen, so würde der Unterschied dieser beiden Leistungen in Folgendem liegen.

In dem Tiere verknüpft sich mit der Vorstellung des geschwungenen Stockes die des Schmerzes, der darauf gefolgt ist; und die Wiedererneuerung der ersten allein reicht hin, um auch die zweite im voraus zu reproduzieren und das zweckmäßige Verhalten des Tieres zu bestimmen.

Praktisch also hat das Tier von diesen bloßen Vorstellungsassociationen ziemlich denselben Nutzen, als wenn es eigentlich denkend seine Erfahrung in der Form von Urteilen und Schlüssen so ausgedrückt hätte: 'Der Stock schlägt — Der Schlag schmerzt —

Also ꝛc.' Aber dennoch würde in jedem dieser logischen Urteile eine ganz andere und tiefere Auffassung des Sachverhalts liegen, als in jener bloßen Association. Indem wir nämlich den Stock als das Subjekt oder die Ursache fassen, von der der Schlag ausgeht, wiederholen wir nicht bloß die psychologische Thatsache, daß die Vorstellungen beider verknüpft sind, sondern drücken zugleich den Nebengedanken aus, daß beide durch eine innere Beziehung ihrer Inhalte, in diesem Fall durch ein Kausalverhältnis, zusammen= gehören. Und so in allen Fällen, wie sich später im Einzelnen zeigen wird.

Das Denken führt daher die bloß subjektive Association der Vorstellungen, d. h. ihr bloß thatsächliches Zusammensein im Be= wußtsein, auf Prinzipien der objektiven Synthesis ihres Inhalts zurück.

§ 5.

Damit das Denken diese Leistung ausführen könne, muß es im Besitz der Prinzipien dafür, d. h. gewisser allgemeiner Regeln oder Rechtsgründe sein, nach denen überhaupt der Inhalt verschie= dener Vorstellungen verknüpfbar sein kann oder nicht. Oder anders ausgedrückt: wenn wir Wahrheit und Unwahrheit sollen unterscheiden können, so muß es in uns einen absolut gül= tigen allgemeinen Maßstab der Zulässigkeit oder Unzulässigkeit von Vorstellungsverknüpfungen geben. Und zwar müssen die in ihm enthaltenen allgemeinen Grundsätze in einem sehr engen Zusammen= hang mit den Voraussetzungen stehen, welche wir über die Natur und die Wechselbeziehungen aller Dinge notwendig machen müssen.

Die letzteren pflegen wir metaphysische Grundsätze zu nennen. Und es würde mithin eine nahe Verwandtschaft zwischen den logischen und den metaphysischen Wahrheiten bestehen. Diese Einleitung ist nicht der Ort, dies zu erschöpfen; uns genügt hier folgende Bemerkung.

Wir setzen voraus, das Denken sei bestimmt, zur Erkenntnis der wahren Natur der Dinge zu führen. Nun muß jedes Mittel einerseits sich nach dem Gegenstand richten, den es **bearbeiten**, anderseits nach der Natur Desjenigen, der es **benutzen** soll. Deshalb werden auch die Formen und die Gesetze, in und nach welchen das Denken die Vorstellungen verknüpft, zwar so sein, daß durch sie die Erkenntnis der Wahrheit schließlich **erreicht** werden kann, aber nicht so, daß sie unmittelbar ein **Abbild** des Wesens der Dinge selbst wären. Vielmehr, da es der **Mensch** ist, der durch sie zur Wahrheit kommen soll, so müssen sie sich auch an die Natur und den Standpunkt des **Menschen** anschließen, und haben daher Eigentümlichkeiten, die nur **hieraus**, aber nicht aus der Natur der zu erkennenden Dinge begreiflich sind.

Das heißt (um eine hier nicht zu erschöpfende Frage wenigstens **vorläufig** zu beantworten): die Formen und Gesetze des Denkens, die wir kennen lernen werden, haben weder eine 'bloß formale', noch eine 'völlig reale' Bedeutung. Sie sind **weder bloße** Folgen der Organisation unseres subjektiven Geistes, ohne Rücksicht auf die Natur der zu erkennenden Objekte, noch sind sie unmittelbare Abbilder der Natur und der gegenseitigen Beziehungen dieser Objekte. Sie sind vielmehr 'formal' und 'real' **zugleich**. Nämlich sie sind diejenigen subjektiven Verknüpfungsweisen unserer Gedanken, die uns notwendig sind, wenn wir durch Denken die objektive Wahrheit erkennen wollen.

Erster Hauptteil.
Reine Logik.

Erstes Kapitel.
Von der Bildung der Begriffe.

§ 6.

Bekannt ist, daß die meisten Operationen des Denkens in Verknüpfungen verschiedener einfacher Vorstellungen bestehen. Wo nun von einer 'Verknüpfung' die Rede ist, entsteht zuerst die Frage, wie denn wohl die **einfachen Elemente** selbst geformt sein müssen, um die beabsichtigte Verknüpfung überhaupt erleiden zu können. Aus lauter kugelförmigen Elementen ist kein haltbares Gebäude möglich, sondern nur aus prismatischen, die einander bestimmte Anlagerungsflächen darbieten. Ebenso ist aus bloßen Eindrücken, sofern sie nichts anderes sind, als unsere Affektionen (Arten, wie uns zu Mute ist), keine logische Verknüpfung herzustellen, sondern jeder einzelne Eindruck muß, um in logischem Sinne mit einem anderen zu einem **Gedanken** verbindbar zu sein, von dem Geiste bereits in eine ganz bestimmte Form gefaßt sein, welche diese Verbindung ermöglicht.

§ 7.

Diese **erste That** des logischen Denkens erscheint uns am deutlichsten in dem Umstande, daß fast alle **Sprachen** den gesamten Vorrat von Vorstellungsinhalt in bestimmte, formell unterschiedene **Klassen** verteilen, und daß auch die, welche diesen Unterschied zwischen **Substantivis, Adjectivis, Verbis** ꝛc. nicht mehr äußerlich kennzeichnen, doch bei jedem ihrer Worte den Nebengedanken hegen, sein Inhalt müsse entweder **substantivisch**, als etwas für sich Gültiges, Feststehendes, von Anderem Unabhängiges, oder **adjektivisch**, als unselbständige, ein Anderes, an dem sie hafte, voraussetzende Eigenschaft, oder **verbal**, als eine zwischen verschiedenen Inhalten übergehende Bewegung oder Beziehung aufgefaßt werden. Erst durch diese Formen, in welche sie von dem Denken gegossen werden, werden die **Vorstellungen** zu Elementen eines Gedankens und kehren einander, wie im obigen Gleichnis die prismatischen Steine, bestimmte Flächen zu, die eine Verknüpfung in logischem Sinn gestatten. So lange dagegen Vorstellungen nur verschiedene Arten des Ergriffenseins unseres Bewußtseins sind, können sie zwar, wie die Töne in der Musik, auf andere (hier ästhetische) Weise bedeutsam mit einander verknüpft werden, aber es entsteht aus ihnen kein Gedanke.

§ 8.

Die nächste Frage scheint sein zu müssen, wie das Denken immer verfahren müsse, um diese Einordnung irgend eines Inhaltes in eine dieser Formen der Redeteile zu bewerkstelligen. Da sich die Frage ganz allgemein auf jeden, auf einfachen wie auf zusammengesetzten Inhalt bezieht, so muß diese zweite logische That des Denkens in einer sehr einfachen Handlung bestehen, die in beiden Fällen vorkommen kann.

Sie besteht nun in Folgendem. So oft die Sprache ein Wort für einen Inhalt bildet, welches nur diesem und keinem anderen Inhalte zukommen soll, drückt sie damit notwendig die Voraussetzung aus, dieser Inhalt sei eben etwas für sich Gültiges, mit sich Identisches, von Anderem Unterschiedenes, das eben deswegen im stande sei, einen eigenen Namen zu führen. Das heißt: der Nebengedanke, den das Denken dabei hat, wenn es sprachlich ein Wort für eine Sache bildet (d. i. abgesehen von der Sprache: wenn es überhaupt einen Inhalt fixiert und von anderen unterscheidet), besteht eben darin, daß es denselben als ein Ganzes auffaßt, welches in sich selbst zusammengehört und als zusammengehörig sich von allem Andern abgrenzt.

Der sprachliche Ausdruck läßt diese That bei verschiedenen Wortklassen mit verschiedener Deutlichkeit hindurchscheinen. Ein Adjectivum wie 'blau' drückt am wenigsten von dieser logischen Fassung aus. Die Verba bezeugen durch ihre Endigung, daß der durch sie bezeichnete Inhalt als Einheit in bestimmtem Sinn, nämlich in dem verbalen einer Beziehung, gedacht wird. Bei den Substantiven machen einzelne Sprachen durch den vorgesetzten Artikel am meisten fühlbar, daß der bezeichnete Inhalt als etwas mit sich Identisches, Abgeschlossenes, Eines und Ganzes gedacht werden soll.

§ 9.

Diese logische Form der 'Vorstellung' (so wollen wir diese zweite That des Denkens nennen) faßt also ihren Inhalt, er sei einfach oder zusammengesetzt, nur so auf, daß er überhaupt als Einheit oder als Ganzes betrachtet wird.

In Bezug auf einfachen Inhalt ist dies das Höchste, was sich überhaupt leisten läßt. Z. B. die Eindrücke 'blau' 'süß' 'warm' können keine andere logische Bearbeitung erfahren, als daß jeder als ein mit sich identischer, von anderen verschiedener, und zwar adjektivischer Inhalt gefaßt wird.

Für zusammengesetzten Inhalt dagegen ist diese Form der 'Vorstellung', welche nur seine Zusammengehörigkeit überhaupt behauptet, ohne die Art, den Grund und die Regel derselben erkennen zu lassen, eine ungenügende Auffassung, bei welcher wir allerdings im gewöhnlichen Gedankengang sehr häufig stehen bleiben. Die Worte 'Natur' 'Leben' 'Staat' 'Regierung'*) bezeichnen für die allermeisten Menschen nichts als das Bewußtsein, daß allemal eine Vielheit von Erscheinungen und Ereignissen zu einem Ganzen vereinigt ist, ohne daß man den bestimmten Plan, die Gesetze und die Kräfte angeben könnte, nach denen und durch welche diese Ganzheit erzeugt wird. Dieselben Worte werden aber dann eine höhere Auffassung ihres Inhalts, einen 'Begriff' desselben bezeichnen, wenn bei ihnen außer der Zusammengehörigkeit ihres Inhalts auch noch der Grund dieser letzteren mitgedacht wird.

§ 10.

Dieses Prinzip der Zusammengehörigkeit sucht nun das Denken zu finden, indem es entweder dasjenige beachtet, was in mehreren voneinander verschiedenen Vorstellungen gemeinsam, gleichartig vorkommt (das Allgemeine), oder dasjenige, was bei allen Veränderungen eines und desselben Inhalts sich fortwährend gleichartig erhält (das Konstante). Denn in beidem scheint natürlich das

---

*) Besonders übliche Arten des Ausdrucks für etwas bloß in der Form der Vorstellung Gedachtes namentlich auch: im Griechischen das Neutrum Plural. — τὰ φυσικά, τὰ ἠθικά, τὰ πολιτικά, im Deutschen Zusammensetzungen mit '. . . wesen' — Münzwesen, Zollwesen, Heerwesen ꝛc.

zu liegen, was fester und gesetzlicher in sich zusammenhängt, als die übrigen, veränderlichen oder ungleichartigen Merkmale, und was eben für diese das Prinzip ihres Zusammenseins überhaupt und der Art ihrer Verknüpfung ausmacht.

Wird nun ein zusammengesetzter Inhalt so gedacht, daß ein von der ganzen Summe seiner 'Merkmale' unterschiedenes Allgemeine oder Konstante als das bestimmende Gesetz mitgedacht wird, von welchem jener ganze Merkmal-Kreis abhängt, so ist derselbe in der Form eines B e g r i f f s gedacht.

Der Name 'Linde' 'Eiche' u. dergl. bezeichnet auch für den gemeinen Gedankenlauf einen b e g r i f f s m ä ß i g gefaßten Inhalt. Denn J e d e r denkt sich das allgemeine Bild des 'Baumes' oder das noch allgemeinere der 'Pflanze' als den Grundriß, das Schema oder die Regel hinzu, nach welcher alle Teile jener Einzelvorstellungen zu einem Ganzen verknüpft sind. Ebenso sind alle Nomina propria von Personen wirkliche Begriffe. 'Alcibiades' oder 'Napoleon' bedeuten niemals bloß ein Ganzes von Teilen, sondern werden durch das mitgedachte Allgemeinbild des 'Menschen' erklärt und begriffen.

§ 11.

Sehr selten wird sich ein solches Allgemeinbild aus mehreren verglichenen einzelnen Vorstellungen durch Festhaltung ihrer g a n z g l e i c h e n und einfache Weglassung ihrer u n g l e i c h e n Merkmale erzeugen lassen. Denn die Merkmale von Vorstellungen pflegen nicht gleich und ungleich, sondern ä h n l i c h und u n ä h n l i c h zu sein. Behielte man nun bloß das wenige Gleiche bei, so würde man zu einem b e d e u t u n g s l o s e n Allgemeinen kommen, welches sich zu den weggelassenen Bestandteilen gleichgültig und nicht als ein sie ordnendes Prinzip verhielte.

Auch verfährt man in der That nicht so. Die Vergleichung mehrerer Körper gewinnt das Allgemeinbild des 'Körpers' nicht dadurch, daß sie, weil der eine blau hart elastisch leicht, der andere gelb weich dehnbar und schwer ist, alle diese Eigenschaften wegließe, als wenn die Vorstellung 'Körper' auch ohne alle Rücksicht auf 'Farbe' 'Kohäsion' und 'Gewicht' noch irgend einen Sinn hätte. Sie läßt bloß an diesen unähnlichen Merkmalen das Verschiedene weg, behält aber das ihnen Gemeinsame (z. B. hier eben 'Farbe überhaupt', 'Gewicht überhaupt') bei, und diese selbst allgemeinen Merkmale verbindet sie nun zu dem gesuchten Allgemeinbilde des 'Körpers', dem es daher ganz wesentlich ist, irgend eine Farbe, irgend eine Kohäsion, irgend ein Gewicht überhaupt zu besitzen.

§ 12.

Die gewöhnliche Theorie der Logik pflegt nur anzuführen, daß man von den verglichenen einzelnen Vorstellungen (notiones speciales) zu der allgemeineren (notio generalis) dadurch aufsteige, daß man von den ungleichen Merkmalen (notae) der ersteren 'abstrahiere' und nur die gleichen festhalte. Sie fügt deshalb hinzu, daß der Inhalt (materia, complexus) einer allgemeinen Vorstellung ärmer sei, das heißt weniger Merkmale zähle, als der der besonderen, aus deren Vergleichung er entstand.

Diese Bemerkung muß jedenfalls dahin verbessert werden, daß jedes Allgemeine genau so viele unerläßlich mitzudenkende Merkmale habe, als das ihm entsprechende Besondere. Jedoch während in dem Besonderen oder im Einzelnen alle diese Merkmale nach Art und Größe vollständig bestimmt sind, sind im Allgemeinen an die Stelle vieler von ihnen selbst allgemeine oder unbestimmte Merkmale eingetreten. Das Allgemeine ist daher, verglichen mit dem Besonderen, ärmer an bestimmten, aber nicht ärmer an Merkmalen überhaupt.

§ 13.

Wir unterscheiden also zweierlei Allgemeines. Zuerst jenes allgemeine Bild, durch dessen Eingehen in die Merkmalgruppe einer Vorstellung diese selbst zum Begriff erhoben wird. Und außerdem jene allgemeinen Merkmale, aus deren Verknüpfung das Allgemeinbild selbst entsteht.

Diese letzteren, die allgemeinen Merkmale, erfordern im einfachsten Falle keine besondere logische Denkarbeit zu ihrer Entstehung, sondern entspringen aus dem unmittelbaren Eindruck ohne unser logisches Zuthun. Daß z. B. 'grün' 'blau' 'roth' etwas Gemeinsames haben, wird unmittelbar empfunden; und obgleich sich dasselbe nicht von dem, wodurch diese Eindrücke verschieden sind, durch eine logische Arbeit abtrennen läßt, so bezeichnet doch der Name 'Farbe' dies als gemeinsam Empfundene. Ebenso werden Unterschiede der Größe unmittelbar wahrgenommen und der allgemeine Name der 'Größe' drückt das neben diesen Unterschieden Gemeinsame aus.

Auf diese Weise entstehen aus der Betrachtung der verschiedenen Merkmale, welche in den einzelnen Vorstellungen vorkommen, die allgemeinen Merkmale als die Elemente, aus denen dann jenes Allgemeinbild zusammengesetzt wird, welches für alle jene Einzelvorstellungen als gemeinsames, zusammenhaltendes Muster gilt.

§ 14.

Zur Bildung eines 'Begriffes' reicht es nun nicht hin, daß seine allgemeinen, und schon zur Bildung der 'Vorstellung' reichte es nicht hin, daß ihre einzelnen Merkmale bloß überhaupt vorhanden sind, sondern das Wesentliche ist ihre Verbindungsweise. Keine Vorstellung und kein Begriff besteht aus einer bloßen Addition der Merkmale, sodaß jedes erste mit jedem zweiten ebenso verbunden wäre, wie das zweite mit jedem dritten, sondern im allgemeinen begrenzen, bestimmen oder determinieren die Merkmale einander in so mannigfacher eigentümlicher Weise, daß ein erstes mit dem zweiten anders als das zweite mit dem dritten, oder als dieses mit dem vierten zusammenhängt.

In den bloßen Vorstellungen, die nur Merkmale zu einem Ganzen überhaupt verbinden, ohne die Art ihres Zusammengehörens logisch zu charakterisieren, vertritt die räumlich-zeitliche Anschauung die Stelle dieser logischen Arbeit. Durch sie wissen wir dann, in welcher Art z. B. die verschiedenen Merkmale eines 'Tieres', Farbe Pelz Kopf Geschwindigkeit ꝛc., aneinanderzubringen und zu verknüpfen sind. Wenn wir dagegen einen abstrakteren Begriff, z. B. den der 'Bewegung' bilden, und sie als 'stetige Veränderung des Ortes' bezeichnen, so sieht man hier, daß keines dieser drei Merkmale dem andern gleichartig gedacht ist, sondern eigentlich nur die allgemeine Vorstellung der 'Veränderung', sofern sie durch Beziehung auf die Vorstellung des 'Ortes' eingeschränkt, und durch das ihr zugehörige Merkmal 'stetig' bestimmt wird, den Inhalt des Begriffs der Bewegung bildet.

Das allgemeine Bild nun, welches aus der Vergleichung mehrerer einzelnen Vorstellungen entsteht, wird gebildet, indem nicht nur an die Stelle der besonderen Merkmale die allgemeinen, sondern auch an die Stelle der besonderen Verknüpfungsweisen der Merkmale eine ihnen entsprechende allgemeine Verknüpfungsweise gesetzt wird. Z. B. das allgemeine Bild 'Metall' verknüpft die allgemeinen Merkmale 'Farbe' 'Gewicht' ꝛc. in einer Form oder nach einem Schema, von welchem die Verbindungsweisen nur besondere Beispiele sind, in denen das Gold die gelbe Farbe, sein spezifisches Gewicht ꝛc., das Kupfer aber die rote Farbe und sein spezifisches Gewicht ꝛc. verbindet.

§ 15.

Um nun das Vorige zusammmenzufassen, so nennen wir Begriff eine Vorstellung dann, wenn zu ihrer Merkmalgruppe ein Allgemeines als erklärendes Gesetz hinzu gedacht wird. So ist 'Gold' oder 'Cajus' als Begriff gedacht, sofern beider Merkmale durch die allgemeinen Schemata 'Metall' resp. 'Mensch' geregelt werden.

Dies Allgemeine selbst, durch dessen Eingehen die Vorstellung zum Begriff wird, ist nicht notwendig und nicht immer selbst schon als Begriff gedacht, sondern oft nur als Vorstellung. Es ist eben nur dann Begriff, wenn auch seine Merkmale nicht bloß überhaupt als Ganzes zusammengehörig, sondern durch ein neues Allgemeine nach einem bestimmten Schema verbunden gedacht werden.

Es giebt daher ebensowohl **einzelne, singulare** Begriffe (notiones singulares), wie z. B. alle Personennamen, als **allgemeine** (notiones generales) in mannigfacher Abstufung.

Wir nennen **höheren** Allgemeinbegriff denjenigen, der als erklärendes Schema zu den Merkmalen eines anderen, welcher dann der **niedrigere** ist, hinzu gedacht wird.

Man sagt dann, daß der **Inhalt** (materia) des höheren Allgemeinbegriffs (genus) in dem Inhalt des niedrigeren (species) 'enthalten' sei, d. h. daß **alle** Merkmale, die dem Genus wesentlich sind, auch in der Species vorkommen. Umgekehrt sei dagegen der Inhalt der Species nicht **ganz** in dem des Genus enthalten, sondern sie besitze außerdem ihre besonderen, ihr als **Species** eigenen Merkmale. Hierüber ist oben, § 12, eine berichtigende Bemerkung gemacht.

Man sagt ferner, und dies mit Recht, daß jeder höhere Allgemeinbegriff in einer größeren Anzahl von Arten oder Einzelbegriffen vorkomme oder von ihnen gelte, als jeder niedrigere Allgemeinbegriff. Man nennt **Umfang** (ambitus) die Anzahl dieser Begriffe, von denen der höhere gilt. Und da man dem letzteren, wie früher bemerkt, eine geringere Anzahl von Merkmalen oder geringeren Inhalt (materia, complexus) zuschreibt, so sagt man, daß 'Umfang **und Inhalt zweier Begriffe sich umgekehrt zu einander verhalten**': der inhaltärmere, d. h. allgemeinere, beherrscht eine größere Menge von Einzelfällen, der inhaltreichere kommt in wenigeren Arten vor, vielleicht nur in einem einzigen Individuum.

Nach dem Früheren würde dieser Satz korrekter so lauten: Ein Begriff mit **lauter bestimmten** Merkmalen ist immer individuell. Hat er außer den bestimmten **unbestimmte oder allgemeine** Merkmale, so wächst mit der Anzahl der unbestimmten (oder umgekehrt wie die Anzahl der bestimmten) die Zahl der Fälle, in denen er gilt, d. h. sein Umfang.

§ 16.

Zwei Verhältnisse der Unterordnung sind als logisch wesentlich verschieden auseinander zu halten. Jeder Begriff kann nämlich einesteils unter seinen höhern Gattungsbegriff, z. B. 'Gold' (G) unter 'Metall' (M), andernteils unter jedes beliebige seiner Merkmale, z. B. 'Gold' (G) unter 'schmelzbar' (S), untergeordnet werden. Das erste dieser Verhältnisse (Fig. I) nennen wir Subordination. Es ist hier die ganze

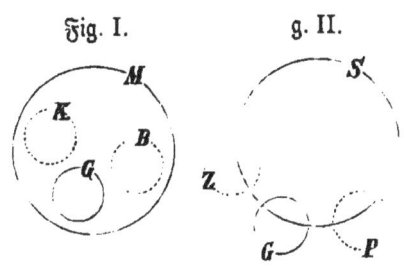

Natur des G von dem Allgemeinen M dergestalt eingeschlossen, daß es in G keinen Teil, kein Merkmal und keine Verbindung von Merkmalen giebt, die nicht durch das allgemeine Prinzip M wesentlich mitbestimmt wäre (z. B. das 'Gelb' des Goldes ist ein sonst nicht vorkommendes, dem Metall eigenes glänzendes Gelb ꝛc.). Innerhalb des M endlich findet sich G mit seinen natürlichen Verwandten (Kupfer, Blei, Silber ꝛc.) 'koordiniert', d. h. steht mit ihnen allen in demselben logischen Verhältnis zu M.

Die andere Unterordnung (Fig. II) nennen wir Subsumption. Hier berührt G nur mit einem Teil seines Inhalts den Allgemeinbegriff S, die übrigen Teile seines Inhalts liegen außerhalb S und werden durch S nicht bestimmt. Außerdem findet sich hier G (Gold) in Bezug auf S (schmelzbar) nicht bloß mit seinen Verwandten, sondern auch mit ganz fremdartigen anderen Inhalten (Zucker, Pech, Schwefel ꝛc.) koordiniert.

§ 17.

Steigt man durch fortgesetzte Abstraktion zu immer allgemeineren Begriffen auf, so soll man, nach einer häufigen Behauptung, bei einem einzigen höchsten Allgemeinbegriff, dem des 'Denkbaren' anlangen.

Eine solche Abstraktion wäre aber nur durch Subsumption

(nach Fig. II) ausgeführt, hätte den charakteristischen Inhalt der Begriffe ganz fallen lassen und sich nur an ein gemeinsames Merkmal gehalten, durch das ihr Inhalt nicht bestimmt wird. Verfährt man auf dem Weg der Subordination, so findet sich, daß unser Begriffsystem nicht in Einer, sondern in mehreren unabhängigen Spitzen gipfelt. Die substantivischen Begriffe führen auf den höchsten des Etwas, die verbalen auf den des Werdens, die adjektivischen auf den der Eigenschaft zurück 2c., und es giebt durchaus keinen noch höheren Begriff, auf den sich diese Grundbegriffe wie auf ein gemeinsames Prinzip ihres Inhalts zurückführen ließen. — Klar ist übrigens, und versteht sich warum es so sein muß, daß diese Grundbegriffe nichts anderes sind, als die Bedeutungen der verschiedenen Redeteile.

Zweites Kapitel.
Von den Urteilen.

A. Vorbemerkungen und gewöhnliche Einteilung der Urteile.

§ 18.

Die bisherige Betrachtung selbst führt zu einer neuen Aufgabe. Wir haben im Begriffe das Allgemeine und den speziellen Merkmalkreis unterschieden. Über das gegenseitige Verhältnis dieser beiden Glieder hatten wir aber nur gleichnisartige Ausdrücke. Das Allgemeine galt uns als Kern, als gesetzgebendes Prinzip, als Regel für den Ansatz und die Verbindung der Merkmale. Es fragt sich jetzt, was dies genau genommen bedeutet und welche Macht das Allgemeine und auf welche Weise es sie über die Merkmale ausüben kann.

Wir verlangen also Aufklärung über das Verhältnis zweier Glieder zu einander. Jede Behauptung, die das Denken über diese Frage aussprechen und durch welche es dieselbe beantworten kann, muß also die Form tragen, daß sie zwei Glieder S und P durch Angabe einer bestimmten Beziehungsweise x verknüpft. Dies ist im wesentlichen die Form eines Satzes oder eines Urteils, worin S Subjekt, P Prädikat, x Kopula zwischen beiden ist.

§ 19.

Den Grund des Zusammengehörens verschiedener Eindrücke haben wir indessen nicht bloß in einem Allgemeinen, das Verschiedenem gemeinsam ist, sondern auch in einem Beständigen gesucht, welches sich an einem und demselben Vorstellungsinhalt erhält, während er sonst Veränderungen durch Hinzutritt und Wegfall von Merkmalen erfährt. Auch dieses Verhältnis eines gleichbleibenden Kernes, welcher für wechselnde Merkmale der Grund ihrer Möglichkeit und das Gesetz ihrer Verknüpfung ist, erfordert eine ähnliche Untersuchung. Wir müssen wissen, wie an einem S irgend ein P 'haften' kann und wie es möglich ist, daß es wieder verschwindet und ein andres, P', an seine Stelle tritt. — Jede Behauptung hierüber muß wieder die Form des Urteils tragen.

§ 20.

Abgesehen von diesem systematischen Zusammenhang läßt sich die Lehre vom Urteil auch so einleiten: Im Vorstellungsverlauf muß der Fall häufig sein, daß zuerst zwei Eindrücke a und b, die uns vereint zu teil werden, z. B. die Gestalt des Baumes und sein Grün, als Ein Ganzes aufgefaßt werden, dessen unterscheidbare Teile nicht unterschieden werden, weil jeder Grund dazu fehlt. Wenn nun eine zweite Erfahrung den Baum ohne Grün gezeigt hat, so werden dann in einem dritten Falle, wo er wieder grün gesehen wird, die beiden Vorstellungen seiner Gestalt und Farbe nicht mehr ebenso unbefangen ein Ganzes bilden, sondern die Erinnerung an ihre Trennbarkeit wird sie auseinander halten, und es entsteht die Vorstellung von zwei Eindrücken, die verbunden sind, aber nicht mehr die von einem, an dem kein innerer Unterschied wäre.

Dieser Vorgang der gleichzeitigen Association und Trennung zweier Vorstellungen findet ohne Zweifel auch bei den

Tieren statt. Er erſetzt ihnen das logiſche Urteil des menſchlichen Denkens, iſt aber ſelbſt kein ſolches, ſondern nur die Veranlaſſung zu einem. Wenn wir nämlich im Urteile ſagen: 'Der Baum iſt grün' oder 'iſt nicht grün', ſo interpretieren wir jenes Zuſammenſein trennbarer Vorſtellungen und drücken nicht einfach wiederholend die Thatſache eines ſolchen aus. Indem wir den Baum als Subjekt, oder hier als Subſtanz, das Prädikat 'grün' als Eigenſchaft oder Accidens auffaſſen, deuten wir auf denjenigen inneren Zuſammenhang, in welchem nach unſerer Meinung die Eigenſchaft zu dem Dinge oder das Accidens zu ſeiner Subſtanz ſteht, als auf den Rechtsgrund hin, nach welchem die beiden Vorſtellungen 'Baum' und 'grün' nicht bloß zuſammen ſind, ſondern gerade ſo, wie ſie zuſammen ſind, nämlich als verknüpfte trennbare, zuſammen gehören.

§ 21.

Das Weſentliche am Urteil iſt nun eben dieſer Nebengedanke, den das Denken hat, wenn es Subjekt und Prädikat in einer beſtimmten Form verknüpft. So viel weſentlich verſchiedene Geſichtspunkte, Rechtsgründe oder Muſter es giebt, auf welche das Denken rechtfertigend die Verbindung von S und P zurückführt, d. h. ſo viel weſentlich verſchiedene Bedeutungen der Kopula es giebt, ſo viel giebt es logiſch weſentlich verſchiedene Urteilsformen, die ſpäter ſyſtematiſch zu entwickeln ſind.

Vorher erwähnen wir eine namentlich durch Kant üblich gewordene Klaſſifikation der Urteile. Nach ihm muß jedes Urteil gleichzeitig in vier verſchiedenen Rückſichten beſtimmt ſein und in jeder von dieſen eine von drei einander ausſchließenden Formen haben: nämlich es iſt

1) nach der Quantität entweder allgemein oder partikular oder ſingular.

2) nach der Qualität entweder affirmativ oder negativ oder limitativ.

3) nach der Relation, d. h. dem Sinne der Verbindung

zwischen S und P, entweder **kategorisch** oder **hypothetisch** oder **disjunktiv**.

4) nach der **Modalität**, d. h. dem Verhältnis des Gesamtinhaltes zur Wirklichkeit, entweder **problematisch** oder **assertorisch** oder **apodiktisch**.

§ 22.

Diese Unterscheidungen haben nicht gleichen Wert.

1) Zuerst ist in den drei **quantitativen** Formen:

Dieses S ist P
Einige S sind P
Alle S sind P

die **Art der Verbindung zwischen S und P** ganz die nämliche, und sie unterscheiden sich bloß durch die Anzahl der Subjekte, also durch das **Material**, auf welches diese ganz identische Verknüpfung ausgedehnt wird. Obgleich daher die quantitativen Unterschiede natürlich für andere Zwecke, z. B. die aus den Urteilen zu ziehenden Folgerungen, sehr wichtig bleiben, so sind sie doch nicht wesentlich verschiedene Entwicklungsstufen des Urteils als solchen.

2) Was ferner die **qualitativen** Formen anlangt, so müssen das **affirmative und negative** Urteil

S ist P
S ist nicht P

offenbar die Art der Verbindung zwischen S und P vollkommen auf dieselbe Weise verstehen. Denn das negative Urteil könnte nicht der gerade Gegensatz des affirmativen sein, wenn es nicht genau dasselbe leugnete, was jenes behauptet. Man wird sich daher passender diese Urteile so vorstellen, daß zu einem ganz identischen Gedanken einer Verbindung von S und P die zwei Nebenurteile, er gelte oder er gelte nicht, hinzukommen. Sie unterscheiden sich also sehr wesentlich nach ihrem **Inhalt**, aber nicht nach ihrer **Form**. — Das **limitative** Urteil soll mit positiver Kopula dem S ein negatives Prädikat zuteilen, also die Form haben

S ist Non-P.

Dagegen ist zu erinnern, daß Non-P nur in denjenigen Fällen eine abgeschlossene, überhaupt zu einem Prädikat brauchbare Vorstellung ist, wenn es nicht alles das bezeichnet, was nur überhaupt nicht P ist, sondern das, was mit P unter einem höheren Allgemeinbegriff koordiniert ist und deshalb eine eigene Bedeutung hat, z. B. 'nicht-rund', sofern es immer noch Gestalt haben soll, also entweder gerade oder eckig und dergl. Soll dagegen Non-P Alles begreifen, was nur überhaupt nicht P ist, z. B. 'nicht-rund' außer dem Eckigen das Bittere, das Zukünftige, das Wohlfeile 2c., so ist Non-P gar keine Vorstellung mehr, die man überhaupt fassen und einem S zum Prädikat geben könnte. Der Versuch dazu läuft immer wieder dahin aus, daß S aus dem Umfang des Prädikats P ausgeschlossen wird, das Urteil also dem Sinne nach negativ ist.

3) Die dritte Unterscheidung, nach der Relation, ist von so wesentlicher Bedeutung, daß sie hier übergangen wird, um später zu Grunde gelegt zu werden.

4) Auch die Unterschiede der Modalität haben keine wesentlich logische Geltung, wenn die Möglichkeit der Verbindung von S und P im problematischen und ihre Notwendigkeit im apodiktischen Urteil nur durch Hülfszeitwörter

S kann P sein
S muß P sein

ausgedrückt wird. Sie sind dann beide eigentlich doch nur assertorische Urteile, d. h. sie behaupten gerade so wie das eigentlich assertorische Urteil

S ist P

eine Wirklichkeit, dort die der Möglichkeit, hier die der Notwendigkeit. Aber keine von beiden lassen sie unmittelbar als Folge der eigentümlichen Verknüpfungsweise von S und P hervortreten. Diese Art der Modalität gehört daher dem Inhalt, aber nicht der logischen Form des Urteils an, und es ließen sich ihr noch manche andere ganz ebenbürtige Formen anreihen, z. B. S darf P sein, S soll P sein, S wird P sein 2c. — Auf welche Weise nun die Urteile durch ihre bloße Form zugleich einen Anspruch auf Möglichkeit, Wirklichkeit oder Notwendigkeit ihres Inhalts ausdrücken können, wird sich im Folgenden zeigen.

B. System der Urteilsformen.

§ 23.

In der Klassifikation der Urteilsformen gehen wir von dem Gesichtspunkte aus, das Denken solle seine Aussagen darüber machen, wie es sich den Zusammenhang jenes früher so genannten Kernes einer Vorstellung mit seinem Merkmalkreise oder eines S mit einem P denkt. Jede solche Aussage wird durch eine besondere Form des Urteils ausgedrückt, und die Reihe der Urteilsformen muß daher eine Reihe immer besserer Versuche zum vollständigen und adäquaten Ausdruck jenes Verhältnisses zwischen S und P sein.

§ 24.

Die einfachste Urteilsform ist die impersonale. In den Sätzen 'es blitzt', 'es donnert' ꝛc. ist der ganze Urteilsinhalt vollständig im Prädikat enthalten. Das unbestimmte Pronomen 'es' fügt dazu nichts hinzu, sondern bezeichnet formell die Stelle des fehlenden Subjektsbegriffes. Aber eben nun dies, daß das Denken sich nicht mit der bloßen Wiedergabe des einfachen Inhalts, der im Prädikat steht, begnügt, daß es also nicht den Infinitiv 'blitzen' ausspricht, sondern das Wort flektiert und als Prädikat zu dem 'es' hinzufügt, beweist aufs evidenteste dieses Grundbedürfnis, jeden Inhalt einer Vorstellung in zwei Bestandteile zu gliedern, von denen der eine das gesetzgebende Prinzip, der andere die davon abhängige Erscheinung ist. Befriedigt wird freilich dies Bedürfnis hier nur formell. Denn es läßt sich kein inhaltvolles Subjekt angeben, an welches die Erscheinung sich knüpfte. Man ist daher genötigt, die Erscheinung, als Prädikat gefaßt, sich selbst, als Subjekt gefaßt, hinzuzufügen.

Ihrer Modalität nach sind die impersonalen Urteile von Natur assertorische, d. h. Behauptungen einer Wirklichkeit. Im natürlichen Denken drücken sie stets Wahrnehmungen aus. Das 'Es' im Subjekt ist seinem Inhalt nach entweder nichts als das Prädikat oder es ist, wenn es davon unterschieben werden soll, nur der Gedanke des allgemeinen Seins, das in den verschiedenen Erscheinungen bald so, bald anders bestimmt ist. Man könnte deshalb statt 'es blitzt' sagen 'das Sein ist [jetzt] blitzend' oder umgekehrt 'das Blitzen ist'. D. h. man kann die imperfonalen Urteile in Existenzialsätze verwandeln, in denen 'sein' das Prädikat ist. Diese Umformung ist jedoch eine schulmäßige Künstelei. Naturgemäß faßt das Denken niemals die einzelne Erscheinung als Subjekt, das Sein als Prädikat, sondern nur das allgemeine Sein als Subjekt, die Erscheinung als einzelnes Prädikat desselben.

§ 25.

Der nächste Fortschritt muß darin bestehen, daß die hier nur angedeutete Spaltung des vorgestellten Inhalts in S und P durch Aufstellung eines besonderen, vom Prädikat verschiedenen Subjektsbegriffes zur Ausführung gelangt.

Dies giebt die sogenannte kategorische Urteilsform: 'S ist P', in welcher P schlechthin und ohne weitere Rechtfertigung von S ausgesagt wird ($\varkappa\alpha\tau\eta\gamma o\rho\varepsilon\tilde{\iota}\tau\alpha\iota$, Arist.). Die einzig übliche Rechtfertigung dieser Verknüpfung, daß sie nämlich nach dem Muster des Verhältnisses zwischen Ding und Eigenschaft, Substanz und Accidens geschehe (Kant), reicht nicht aus, weil metaphysisch dies Verhältnis selbst keine deutliche Wahrheit, sondern ein Problem ist.

Man kann nun zwei Arten dieses Urteils unterscheiden. Die eine, sogenannte analytische, verknüpft mit S ein P, welches in den Begriff des S selbst eingeschlossen ist, z. B. 'Gold ist schwer'. Denn der Begriff 'Gold' ist erst fertig gedacht, wenn er das Merkmal 'schwer' schon einschließt. Also drückt dies Urteil eigentlich nur aus, daß, wenn wir den Begriff S denken, wir den des P als einen Bestandteil desselben mitdenken. Wie dagegen der Inhalt des P an dem Inhalt des S sachlich so hafte, daß man eben, um S zu denken, P mitdenken müsse, das erklärt die Urteilsform nicht, sondern behauptet es bloß als Thatsache.

Die zweite Art, das sogenannte synthetische oder das geschichtliche Urteil, verknüpft S mit einem P, das nicht im Begriff S liegt, mithin ein veränderliches Merkmal desselben ist, z. B. 'Cäsar floh', 'der Hund ist toll'. Hier ist noch viel weniger durch die Form des Urteils klar, nach welchem Recht zwei Vorstellungen, die in keiner beständigen Beziehung stehen, in eine solche gebracht werden. Vielmehr ist auch hier die Verbindung schlechthin als ein sich von selbst verstehendes Faktum ausgesprochen.

§ 26.

Bei Gelegenheit dieser Zweifel kommt uns nun als Grund derselben das erste allgemeine Denkgesetz zum Bewußtsein: das Gesetz der Identität und des Widerspruchs (Principium identitatis et contradictionis).

Sein einfachster logischer Ausdruck ist der: Es ist durchaus unerlaubt, in einem kategorischen Urteil von der Form 'S ist P' zwei verschiedene Begriffe S und P, welche sie auch sein mögen, als Subjekt und Prädikat schlechthin miteinander zu verbinden. Vielmehr können immer nur die zwei Sätze gelten 'S ist S' und 'P ist P'; niemals aber: 'S ist P' oder 'P ist S'.

Die übliche Form des Satzes: 'A = A' (Satz der Identität) und die negative: 'A nicht = Non-A' (Satz des Widerspruchs) drücken beide diese einfache Wahrheit aus, daß jeder denkbare Inhalt sich selbst gleich und verschieden von jedem andern sei.

Diesen einfachen logischen Sinn des Satzes muß man durchaus unterscheiden von anderen, teils richtigen, teils zweifelhaften Lehrsätzen, welche zwar aus der Anwendung des allgemeinen logischen Identitätssatzes, aber doch eben nur aus seiner Anwendung auf bestimmten sachlichen Inhalt entspringen und nicht ihm selbst gleich sind. Daß z. B. jedes Ding sich selbst gleich oder gar daß es unveränderlich sich selbst gleich sei, ist ein metaphysischer Satz, der aus einer Anwendung des logischen Identitätssatzes auf den Begriff des Seienden entsteht. Der logische Satz selbst spricht gar nicht von 'Dingen'. Er gilt auch von Ereignissen, die geschehen, von Zuständen, die stattfinden, von dem Wirklichen so gut wie von dem Unwirklichen. Und von ihnen allen sagt er bloß, daß das Werden eben Werden sei, das Veränderliche veränderlich, Widersprechendes widersprechend, Unmögliches unmöglich.

§ 27.

Kurz ausgedrückt, behauptet also der Satz der Identität: 'alle kategorischen Urteile von der Form „S ist P" sind falsch und unzulässig'. Da nun solche Urteile dennoch sehr häufig vorkommen und wir von ihrer Zulässigkeit hinlänglich überzeugt sind, so kann ihr Fehler nur darin bestehen, daß sie eine richtige Meinung formell unvollkommen ausdrücken. Und es muß eine Interpretation derselben geben, durch welche sie vor dem Gesetz der Identität gerechtfertigt werden können.

Man hat dies zuerst so versucht, daß man mit dem Subjekt **vereinbare** und mit ihm **nicht vereinbare** Prädikate unterschied. Und da man aus bloß logischen Gesetzen nicht wissen konnte, **welches** P mit **welchem** S 'vereinbar' sei, so hat man dem Identitätssatz nur die allgemeine Fassung gegeben: 'Von zwei unvereinbaren Prädikaten kommt einem Subjekt nur das eine zu'. — Dieser an sich richtige Satz **rechtfertigt** aber die kategorischen Urteile gar nicht. Denn er setzt immer wieder voraus, daß ein S ein P sein könne. Und eben dies **verbietet** der Identitätssatz ohne alle Ausnahme, gleichviel worin das P bestehen möge.

Ein anderer Versuch der Rechtfertigung hebt hervor, daß in dem Satze 'S ist P' ('das Gold ist gelb') keineswegs S und P für so **identisch** erklärt werden, daß man eins für das andere setzen, folglich auch das Urteil umkehren und sagen könnte: 'Gelb ist Gold'. Zwischen beiden finde vielmehr ein anderes Verhältnis statt, das man passend ausdrücke: 'S **habe** P'. Gegen dieses Verhältnis nun, daß ein Merkmal von seinem Subjekt oder eine Eigenschaft von dem Dinge 'gehabt' werde, erhebe der Identitätssatz **keinen** Einspruch. — Auch diese Ansicht **erwähnt** zwar etwas ganz Richtiges, kommt aber nicht zum Ziel. Sie entfernt zwar die Schwierigkeit, den von S verschiedenen **Inhalt** von P mit S zu verbinden.

Aber sie erklärt nicht, wie man den Begriff des 'Habens' (gleichviel, was gehabt werde) mit S verbinden kann. Denn da S offenbar sowohl 'haben', als 'nicht haben' kann, so ist das 'Haben' selbst wieder eine von dem Wesen des S verschiedene Prädikatsbestimmung P, von der sich wieder fragte, wie sie mit S vereinbar sei. Der Identitätssatz sagt nur: 'S ist S'. Jeder Satz, S habe irgend etwas, sagt also von dem S etwas anderes aus, als daß es S sei, und fehlt folglich selbst gegen den Identitätssatz.

§ 28.

Die Auflösung der Schwierigkeit liegt nun zunächst darin, daß alle kategorischen Urteile ihrem Sinn und ihrer Meinung nach identische sind, diesen Sinn aber formell unvollständig ausdrücken, indem sie bald vom wahren Subjekt, bald vom wahren Prädikat nur einzelne Teile erwähnen.

Zum Beispiel 'das Gold ist gelb' heißt (wie im Lateinischen das Neutrum des Adjektivs zeigt) ebensoviel als: 'Gold ist gelbes Gold' — eine Bemerkung, die schon längst zum Teil so ausgesprochen worden ist, daß im Urteil nicht bloß das Subjekt durch das Prädikat, sondern auch das Prädikat durch das Subjekt bestimmt oder determiniert werde. 'Gelb' z. B. bedeute hier nicht bloß 'gelb überhaupt', sondern speciell 'goldgelb'.

Der Satz: 'Einige Menschen sind schwarz' ist im Deutschen undeutlicher. Das Lateinische 'Nonnulli homines sunt nigri' zeigt, daß im Prädikat 'homines' zu supplieren ist. Nun scheinen '*nonnulli* homines' und '*nigri* homines' allerdings noch zwei verschiedene Begriffe. Aber man meint doch nicht, daß jede beliebigen aus der Gesamtheit herausgegriffenen 'einigen' Menschen, sofern sie 'einige' sind, 'schwarz' wären, sondern man versteht ganz bestimmte 'einige', nämlich die Neger. Also ist S und P ganz identisch dem Inhalt nach und nur verschieden bezeichnet, das eine Mal (S) als Teil eines allgemeineren Begriffs, im P durch seine Eigenschaften charakterisiert.

Endlich historische Urteile, z. B. 'der Hund säuft', 'Cäsar ging über den Rubico', d. h. alle, welche einzelne Fakta, nicht aber stetsgültige Verhältnisse ausdrücken, haben zu ihrem wahren Subjekt nicht den Begriff, der an dessen Stelle auftritt, simpliciter, sondern immer diesen Begriff samt einer Menge bald verschwiegener bald angedeuteter Nebenvorstellungen, die wir x nennen wollen, so daß sie eigentlich die Form haben: 'S + x = P'. So ist in jenen Beispielen nicht der allgemeine Hund Subjekt des Saufens, sondern ein bestimmter, dessen Unterschiede von andern nicht ausgesprochen werden, der aber dann, wenn man alle seine Eigentümlichkeiten, z. B. sein Temperament, die vorhergenossene Nahrung, seinen Durst und die Temperatur, in der er lebt, hinzudenkt, genau derselbe Hund ist, der im Prädikat gar nicht anders denn als saufender Hund gedacht werden kann.

Diese Nebenvorstellungen x pflegen nun in dem gewöhnlichen Ausdruck der kategorischen Urteile meistens durch partikulare Quantität des Subjekts bezeichnet zu werden, z. B. 'Dieses S ist P', 'Einige S sind P'; oder durch partikulare Bezeichnung des Prädikats, z. B. 'S ist zuweilen P', 'S war P' und dergl. Und deshalb nennen wir diese ganze Stufe die 'Form der partikularen Urteile'.

§ 29.

Was diese partikularen Urteile nur andeuten, kommt in der entwickelteren Form der hypothetischen zu ausdrücklicher Erwähnung. Hier werden die dort verschwiegenen oder nur angedeuteten Nebenumstände in einem Vordersatz als die Bedingung bezeichnet, die erfüllt sein muß, wenn zu dem Subjektsbegriff S das P als Prädikat soll hinzutreten können.

Die einfachste Form wird die sein: 'Wenn zu S ein x hinzukommt, so hat S das Prädikat P', d. h. Vorder- und Nachsatz haben denselben Subjektsbegriff, der im Vordersatz durch x zu dem wahren Subjekt vervollständigt wird, dem im Nachsatz P zukommen muß.

Im Gebrauch des Denkens können andere Formen durch Verschweigung von Mittelgliedern entstehen, z. B. 'Wenn R ein x ist, so ist S ein P'. Doch beruhen sie alle auf der vorigen Urform.

In dieser ist der **Vordersatz** seiner Natur nach **problematisch**, der **Nachsatz** in bedingter Weise apodiktisch: er gilt **notwendig**, wenn der an sich nur **mögliche** Vordersatz gilt. Will man die **Geltung** des Vordersatzes mit ausdrücken, so entsteht die **assertorische** Form: 'Weil S ein x ist, so ist S ein P'. Will man bezeichnen, daß der Vordersatz **nicht** die Bedingung des Nachsatzes ist, so entsteht die negative: 'Obgleich S ein x ist, so ist S doch nicht ein P'.

§ 30.

Heben wir nun den Grundgedanken hervor, den das Denken durch Ausbildung der hypothetischen Urteilsform verrät, so finden wir in ihm das **zweite logische Grundgesetz**: den **Satz des zureichenden Grundes** (Principium rationis sufficientis).

Das Denken sagt gleichsam: Ihr drückt stets eine notwendige Wahrheit aus, wenn ihr in einem **identischen** Urteil $S = S$ und $P = P$ setzt; ihr irrt euch aber stets, wenn ihr in einem **kategorischen** $S = P$ setzt, d. h. wenn ihr glaubt, es könne jemals ein S **für sich allein** eine Eigenschaft annehmen, die **nicht** zu seinem Begriff gehört oder die es vorher **nicht** hatte, oder es könne jemals aus einem einzigen Prinzip, einer einzigen Substanz, einer einzigen Kraft, einem einzigen Gedanken eine Mannigfaltigkeit von Substanzen, Entwicklungen oder Ideen, überhaupt irgend eine Vielheit aus einer Einheit 'emanieren'. Stets ist es vielmehr nötig, wenn aus Einem Subjekt mancherlei Neues hervorgehen soll, daß **auf** dieses Subjekt ebensoviele voneinander verschiedene **Bedingungen** eingewirkt haben, als man verschiedene Folgen aus ihm ableiten will.

Das Prinzip des zureichenden Grundes behauptet also **negierend**, und hierin in Übereinstimmung mit dem Identitätsgesetz, die Unmöglichkeit einer **unmittelbaren** Verknüpfung der beiden verschiedenen Vorstellungsinhalte S und P, **affirmierend** dagegen die Möglichkeit, daß einer **Kombination** zweier Vorstellungen S und x, die einander irgendwie determinieren, ein Prädikat P zukomme, das keinem von beiden, weder dem S allein, noch dem x allein zukommt. Das zwischen S und x bestehende Verhältnis, wodurch dies möglich wird, ist die 'Ratio sufficiens' der Verknüpfung von S und P.

Der allgemeine logische Sinn dieses 'Begriffs des **Grundes**' besteht nur in der Voraussetzung, daß der mannigfaltige Inhalt alles Denkbaren nicht eine beziehungslose, zerstreute Vielheit ist, sondern daß es eine **Wahrheit** giebt, d. h. eine Summe solcher geltenden Beziehungen, durch welche eine bestimmte Vereinigung einzelner Elemente des Denkbaren von selbst anderen Elementen gleichgeltend werde. Worin dagegen im einzelnen Fall oder in einzelnen großen Gebieten des Denkbaren jene Beziehungen bestehen, **welches** also der **bestimmte** Grund einer **bestimmten** Verbindung eines **gewissen** S oder einer gewissen **Klasse** von S mit einem gewissen P oder einer gewissen Klasse von P sei, ist nicht Sache der Logik.

Es darf deshalb das Prinzip der 'Ratio *sufficiens*' nicht mit dem der 'Causa *efficiens*', dem Kausalgesetz oder andern solchen allgemeinen Regeln verwechselt werden, welche sich auf das Wirkliche oder einzelne Klassen des Wirklichen beziehen. 'Ursache' z. B. ist die Kraft, die etwas Wirkliches hervorbringt, das früher nicht war. 'Grund' ist immer nur eine geltende Wahrheit, durch die es einesteils geschieht, daß einer Ursache eine bestimmte Wirkung zukommt, und durch die anderteils auch in Gebieten, wo es gar kein Geschehen giebt, z. B. in der Mathematik, die Verbindung zweier Begriffsinhalte rücksichtlich ihrer Gültigkeit von der Verbindung zweier andern zeitlos abhängt.

Wie es zugeht und worin es nun eigentlich liegt, daß eine Bedingung ihr Bedingtes bedingen kann, darüber ist keine allgemeine logische Aufklärung möglich — mit Ausnahme einer einzigen

Bedeutung dieser Frage, in welcher sie jetzt allerdings zu beantworten ist.

§ 31.

Obgleich wir nämlich nicht zu wissen verlangen, mit welchem Grunde welche Folge und wodurch beide zusammenhängen, so müssen wir doch, wenn überhaupt das Denken aus gegebenen Wahrheiten neue soll entwickeln können, einen allgemeinen, von der Kenntnis der Sache, auf die er bloß angewandt werden soll, unabhängigen rein logischen Grundsatz besitzen, nach dem wir beurteilen können, ob ein Satz mit Recht als Folge eines andern angesehen werden darf.

Diesen Grundsatz besitzen wir wirklich. Es ist der, daß alles Besondere sich nach seinem Allgemeinbegriff, jeder einzelne Fall nach der Regel des allgemeinen Falles richten muß. Hätten wir diesen formellen logischen Grundsatz nicht, so würde alle specielle Kenntnis einzelner thatsächlich vorhandener Bedingungsverhältnisse zwischen irgend welchen Elementen nichts helfen. Wir würden sie nicht anwenden und keine neue Wahrheit aus ihnen ableiten können.

§ 32.

Dieser Gedanke kommt in der Form des generellen Urteils zum Ausdruck.

Wir unterscheiden diese von dem universalen Urteil. Dies letztere, von der Form

Alle S sind P

sagt nur, daß faktisch alle Exemplare von S (z. B. alle Menschen) das P (z. B. Sterblichkeit) haben, aber nicht warum. Vielleicht durch eine Vereinigung zusammenhangloser unglücklicher Zufälle.

Das generelle Urteil setzt den Allgemeinbegriff allein an die Stelle des Subjekts:

Der Mensch ist sterblich

oder deutet durch die andere Form:

Jeder Mensch ist sterblich

an, daß das Prädikat nicht bloß von allen wirklichen, sondern auch von allen denkbaren Exemplaren des S, also wieder kraft dieses Allgemeinbegriffs S selbst, nicht aus andern, zufälligen Gründen, gelten soll.

Genauer betrachtet, muß übrigens das **generelle Urteil** in **hypothetischer Form** gefaßt werden. Denn nicht der Allgemeinbegriff S (z. B. der allgemeine Mensch) soll ja P (sterblich) sein, sondern jeder Einzelne, weil er Mensch ist. Also ist eigentlich die generelle Form: 'Wenn irgend ein A Exemplar des Allgemeinen S ist, so ist A notwendig P'.

§ 33.

Die Form des **allgemeinen Urteils** ist jedoch in anderer Weise **darin** noch ungenau, daß sie dem Subjekt, welches ja **nicht** der Allgemeinbegriff selbst, sondern das ihm untergeordnete Exemplar ist, gleichwohl das Prädikat des Allgemeinbegriffs giebt; z. B. der Satz 'Jeder Körper hat Farbe' ist insofern falsch, als der einzelne Körper niemals **farbig überhaupt**, sondern entweder **rot oder grün oder blau** ıc. ist.

Das heißt: das generelle Urteil geht in das **disjunktive** oder **divisive** über, von der Form: 'Jedes S, welches ein Exemplar des Allgemeinbegriffs M ist, hat von jedem **allgemeinen Prädikate P, welches dem M zukommt, eine seiner Arten q, r, t...**, mit Ausschluß aller anderen, zu seinem Prädikat'. — Das disjunktive Urteil giebt also dem S gar kein **bestimmtes Prädikat**, sondern diktiert ihm nur die **notwendige Wahl** zwischen verschiedenen Prädikaten zu, die sämtlich einzelne Modifikationen eines allgemeinen Prädikats P sind, welches von dem höheren Gattungsbegriff M, dem S subordiniert ist, verlangt wird.

Der nächste weitere Schritt würde darin bestehen müssen, daß diese Wahl entschieden und zwischen q, r, t... wirklich ge**wählt wird**. Dies kann aber nicht geschehen, sofern S **eine Art** von M ist, denn dieser Grund läßt eben noch die Wahl **frei**, sondern deswegen weil S eben S, d. h. **diese bestimmte Art** von M und keine andere ist. Man wird also zur Entscheidung zwei Sätze brauchen, von denen der erste sagt, was von S gilt, sofern es überhaupt eine Art von M, der zweite, was von S gilt, sofern es diese Art von M ist. Diese zwei Sätze sind offenbar die sogenannten Prämissen eines Schlusses, zu welcher neuen logischen Form überzugehen ist. Die Reihe der Urteile endet hier und läßt sich nicht vermehren.

Anmerkung. Gewöhnliche, verkürzte Form des disjunktiven Urteils:
a) affirmativ: S ist entweder q oder r oder t oder ...
b) negativ: S ist weder q noch r noch t noch ...

§ 34.

Die eben angeführte Auslegung des disjunktiven Urteils drückt vereinigt zwei Denkgesetze aus, die gewöhnlich als gesonderte Formeln aufgeführt werden:

1) Das 'Dictum de omni et nullo'*) hebt positiv die Abhängigkeit des Einzelnen von seinem Allgemeinen hervor. Die häufig gehörten Ausdrücke: 'Was vom Allgemeinen (oder vom Ganzen) gilt, gilt auch vom Einzelnen (oder vom Teile)' sind ersichtlich falsch. Die scholastische Formel: 'Quidquid de omnibus valet [negatur], valet [negatur] etiam de quibusdam et de singulis' ist zwar ganz richtig, drückt aber das Verhältnis nicht mehr als Abhängigkeit des Einzelnen vom Allgemeinen aus, worauf es ankam, sondern nur als Unterordnung der Einheit unter die Gesamtheit, in der sie numerisch mitbegriffen ist, wodurch der Satz im Grunde eine Tautologie wird.

2) Die zweite Formel, das 'Principium exclusi medii inter duo contradictoria' ist ein speciellerer Fall des allgemeineren, den der vorige § aussprach.

Setzen wir nämlich zuerst voraus, das allgemeine Prädikat P habe drei oder mehr Arten q, r, t..., und ein Subjekt S müsse,

---

*) Über die Geschichte desselben vergl. Zeitschrift für Philosophie u. philos. Kritik, herausg. von Fichte, Ulrici und Wirth, Bd. 76 (Halle 1880), S. 48 ff.

sofern es eine Art von M ist, unter diesen Arten von P wählen, so wird die Wahl des einen Prädikats q alle übrigen r, t... ausschließen, dagegen die Negation von q nicht die Affirmation eines **bestimmten** von den übrigen r, t... involvieren. Von diesen Prädikaten q, r, t... sagt man, daß sie für ein S, welches ein M ist, welchem M wieder P zukommt, 'in konträrem Gegensatz stehen'.

Wenn nun ferner aber P (Geschlecht) nur in zwei Arten q und r (männlich, weiblich) zerfällt, so sind diese zwei Prädikate für jedes S, das überhaupt eine notwendige Beziehung zu P hat (für jedes lebendige Wesen), 'kontradiktorisch entgegengesetzt', d. h. nicht bloß die **Setzung** des einen **negiert** das andre, sondern auch die **Negation** des einen **affirmiert** das andre.

Will man endlich die Bedingung vermeiden, daß das S seiner besondern Natur nach eine notwendige Beziehung zu P habe, will man also zwei Prädikate aufstellen, die für **jedes beliebige S** kontradiktorisch sind, so können dies nur irgend ein Q und Non-Q sein, wobei das letztere **Alles** begreift, was **nicht** Q ist. Ebendeswegen aber ist Non-Q kein selbstständiger Begriff, den man irgend einem S zum Prädikat geben könnte, und es findet hier eigentlich nicht ein Gegensatz zweier **Begriffe** mehr statt, sondern ein Gegensatz zwischen zwei **Urteilen**, von denen das eine dem S ein Prädikat Q zuspricht, das andere ihm ganz dasselbe Q abspricht.

C. Die unmittelbaren Folgerungen aus den Urteilen.

§ 35.

Nach einem alten Memorialvers:

Asserit A, negat E, verum generaliter ambo,
Asserit I, negat O, sed particulariter ambo,

bezeichnen wir mit A allgemein bejahende, mit E allgemein verneinende, mit I partikular bejahende, mit O partikular verneinende Urteile. Denken wir uns diese vier Formen auf einen und denselben Inhalt S—P angewandt, so finden zwischen ihnen folgende Verhältnisse statt:

```
        A   Oppositio contraria   E
         ╲ Oppositio contradictoria ╱
          ╲                        ╱
           ╲                      ╱
      Sub    ╲                  ╱    Sub
      alter   ╲ Oppositio      ╱    alter
      natio    ╲ contradict.  ╱     natio
                ╱            ╲
               ╱              ╲
              ╱                ╲
         I  Oppositio subcontraria  O
```

1) Zwischen A und I (Alle S sind P — Einige S sind P), sowie zwischen E und O (kein S ist P — Einige S sind nicht P) findet **Subalternatio**, d. h. Subordination des Einzelnen unter das Allgemeine statt. Die Gültigkeit des allgemeinen Falles schließt immer die des besonderen ein, die Gültigkeit des besonderen die des allgemeinen nicht. Die Ungültigkeit des allgemeinen führt die des besonderen nicht herbei, die Ungültigkeit des besondern (welche immer so verstanden wird, daß es besondere Fälle gar nicht gebe, in denen der Urteilsinhalt gelte) involviert dagegen die Ungültigkeit des allgemeinen. Man schließt also 'ad subalternatam' von*) + A auf + I, von + E auf + O, aber nicht von — A auf — I, nicht von — E auf — O. Man schließt ferner 'ad subalternantem' von — I auf — A, von — O auf — E, aber nicht von + I auf + A oder von + O auf + E.

Beide hier verbotene Schlüsse, nämlich von dem besonderen Fall auf den allgemeinen, und von der Ungültigkeit des allgemeinen auf gleiche Ungültigkeit des besondern, gehören zu den häufigsten logischen Fehlern.

2) Aus dem konträren Gegensatz zwischen A und E folgt, daß die Gültigkeit des einen die des andern ausschließt, die Ungültigkeit des einen dagegen die Gültigkeit des andern nicht involviert. Man schließt also 'ad contrariam' von + A auf — E und von + E auf — A, aber nicht von — A auf + E oder von — E auf + A.

3) Zwischen A und O und E und I ist kontradiktorischer

---

*) Es soll + die Gültigkeit, — die Ungültigkeit eines Urteils bezeichnen.

Gegensatz. Denn wenn A nicht gilt, so giebt es offenbar einige Fälle notwendig, in denen das Gegenteil gilt. Also die Ungültigkeit eines allgemeinen Urteils involviert die Gültigkeit des entgegengesetzten besonderen, und man schließt 'ad contradictoriam' aus — A auf + O, aus — E auf + I. Ebenso versteht sich, daß, wenn ein partikulares Urteil nicht gilt, d. h. wenn es gar keine 'einigen Fälle' giebt, in denen es gilt, so gilt sein Gegenteil allgemein. Man schließt daher ebenfalls 'ad contradictoriam' von — O auf + A, von — I auf + E. Daß endlich auch die Geltung eines allgemeinen Satzes die Ungültigkeit des entgegengesetzten besonderen, sowie daß die Gültigkeit eines besonderen Urteils die Ungültigkeit des entgegengesetzten allgemeinen involviert, versteht sich von selbst. Man schließt daher noch 'ad contradictoriam' von + I auf — E und umgekehrt, und von + O auf — A und umgekehrt.

4) Der subkonträre Gegensatz zwischen I und O gestattet, wenn eines von beiden gilt, keinen Schluß. Denn wenn ein partikulares Urteil richtig ist, so ist möglich, daß das entgegengesetzte partikulare auch gilt, aber auch möglich, daß es nicht gilt, und daß der ursprüngliche nur partikular ausgedrückte Satz allgemein gilt. Wenn dagegen ein besonderes Urteil verneint wird, so wird dadurch 'ad contradictoriam' das entgegengesetzte allgemeine bejaht und hieraus folgt 'ad subalternatam' die Gültigkeit des untergeordneten (dem vorigen entgegengesetzten) besonderen Urteils. Man schließt also 'ad subcontrariam' von — I auf + O und umgekehrt, aber nicht von + I auf — O oder umgekehrt.

§ 36.

Conversio oder Umkehrung erleidet ein Urteil dann, wenn Subjekt und Prädikat vertauscht werden. Das natürliche Interesse des Denkens an dieser Operation besteht darin: Wenn ein Satz 'S ist P' dem S ein Prädikat giebt, so kann man zu wissen verlangen, ob dieses ein wesentliches Kennzeichen von S sei, ob also überall, wo P vorkomme, das Subjekt, an dem es vorkommt, ein S oder eine Art von S sei. D. h. man will hauptsächlich wissen, ob das umgekehrte Urteil 'P ist S' allgemein gelte oder nicht.

Conversio pura, reine Umkehrung, heißt die, bei welcher der ursprüngliche und der umgekehrte Satz gleiche Quantität haben, impura oder per accidens die, wo dies nicht ist.

§ 37.

Es sei also gegeben
a) ein allgemein bejahendes Urteil: 'Alle S sind P'. Drei Fälle sind hier möglich:

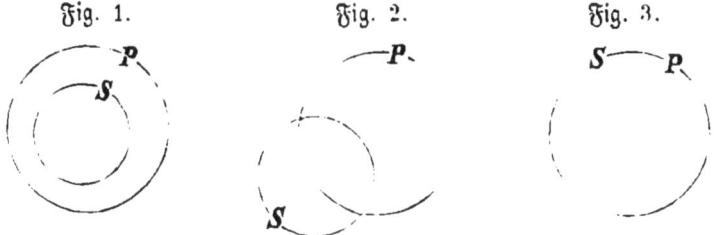

Fig. 1.   Fig. 2.   Fig. 3.

In Fig. 1 ist S dem P subordiniert: 'Alle Metalle sind Körper'; in Fig. 2 ist S dem P subsumiert: 'Alles Gold ist gelb'. In beiden Fällen versteht sich von selbst, daß nicht die ganze Ausdehnung des P durch S gedeckt wird, daß es folglich viele P giebt, die nicht S sind, und daß mithin die Umkehrung nur unrein sein und nur das partikulare Urteil: 'Einige P sind S' ('Einige Körper sind Metalle', 'Einiges Gelbe ist Gold') liefern kann. — Fig. 3 ist so zu denken, daß zwei gleiche Kreise S und P einander vollständig decken, woraus folgt, daß die Umkehrung rein ist und den allgemeinen Satz liefert: 'Alle P sind S'. Solche Urteile heißen reciprokable. Welche aber zu dieser Klasse gehören, kann man nicht aus logischen Gründen, sondern nur aus sachlicher Kenntnis wissen. Es gehören dazu z. B. alle richtigen Definitionen, alle richtigen Gleichungen und viele Sätze wie dieser: 'Alle gleichseitigen Dreiecke sind gleichwinklig'.

Fehlen gegen diese Konversionsregel ist eines der häufigsten logischen Versehen.

b) Das allgemein verneinende Urteil: 'Kein S ist P'
trennt offenbar (Fig. 4) S und P vollständig, sodaß selbstverständlich kein P ein S ist, b. h. allgemein negative Urteile geben durch reine Umkehrung wieder allgemein negative.

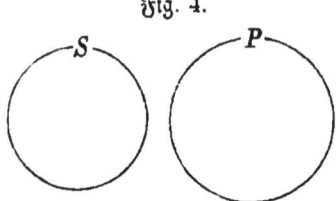
Fig. 4.

c) Das partikular bejahende Urteil: 'Einige S sind P' gestattet, wenn S dem P subsumiert ist, z. B. 'Einige Blumen sind gelb', (noch mehr, wie schon ein analoges allgemeines Urteil, nach Fig. 2) nur die partikulare Umkehrung: 'Einiges Gelbe sind Blumen'; ist dagegen P dem S subordiniert, also S der höhere Gattungsbegriff, z. B. 'Einige Hunde sind Möpse', so giebt die Umkehrung das allgemeine Urteil: 'Alle P sind S'. Auch diesen Fall kann man aber nur aus sachlicher Kenntnis wissen.

d) Das partikular verneinende Urteil 'Einige S sind nicht P' kann vernünftiger Weise in das negative 'Einige P sind nicht S' gar nicht umgekehrt werden; z. B. daraus, daß einige Affen nicht geschwänzt sind, kann nicht folgen, daß einiges Geschwänzte nicht Affe ist. Denn möglicherweise könnte der Schwanz doch nur bei Affen vorkommen, obgleich sie ihn nicht alle hätten. Oder allgemein: die Negation eines Prädikats an irgend einem Subjekt berechtigt zu gar keiner Behauptung über das sonstige Vorkommen oder Nichtvorkommen dieses Prädikats. Es bleibt nur übrig, hier die Negation zum Prädikat zu schlagen und partikular bejahend umzukehren. Also 'Einige S sind nicht P' giebt: 'Einige Non-P sind S'.

§ 38.

Es kann ferner nach den Beziehungen gefragt werden, die stattfinden zwischen einem Subjekt S, welches ein Prädikat P hat, und einem andern Subjekt, welches dies P nicht hat, b. h. ein

Non-P ist. Dies führt zu der sogenannten **Kontraposition.** Bei dieser wird das **bejahende** Urteil in ein negatives verwandelt, indem zugleich Non-P für P substituiert wird, das **negative** schlägt seine Negation zum Prädikat und wird dadurch affirmativ. Beide werden dann nach den gewöhnlichen Regeln umgekehrt. Das **kontraponierte** Urteil hat die entgegengesetzte Qualität des ursprünglichen. Die Quantität bleibt bei partikularen dieselbe, das allgemein bejahende wird allgemein verneinend, das allgemein verneinende partikular bejahend.

Beispiele: Alle S sind P   Kein S ist P
           Kein S ist Non-P   Alle S sind Non-P
           Kein Non-P ist S   Einige Non-P sind S

Die Folgerungen, zu denen man auf diesem Wege gelangt, sind nicht wertlos, lassen sich aber alle bequemer und deutlicher ohne diesen Apparat logischer Formalitäten gewinnen.

Drittes Kapitel.
Von den Schlüssen.
A. Von den Aristotelischen Figuren.

§ 39.

Ehe wir die Aufgabe weiter verfolgen, die uns das **disjunktive** Urteil als Aufgabe der Schlußform ergab, haben wir zuerst andere Schlußformen zu erwähnen, welche diese Aufgabe noch nicht lösen, sondern nur das entwickelt ausdrücken, was schon in der Form des **generellen** Urteils enthalten war.

Dort kam einem S, sofern es unter den Begriff M fällt, ein P zu. Dieser Inhalt zerfällt in zwei Urteile, von denen das eine eine Beziehung des M zu P, das andere eine solche von S zu M ausdrückt, woraufhin dann der Satz selbst als Folgerung eine Beziehung von S und P behauptet. Dies sind die Elemente des gewöhnlichen Schlusses: M ist der **Medius terminus** oder **Mittelbegriff,** durch den zwischen S und P eine Beziehung hergestellt wird; die Sätze, welche die Beziehung des M teils zu S teils zu P auszudrücken, sind die **Prämissen**; der dritte Satz, der immer S und P verbindet, und in welchem M **nicht** vorkommt, ist der **Schlußsatz**, Conclusio. Nach den verschiedenen möglichen Verbindungen der drei Begriffe in den Prämissen unterscheiden sich die **drei sogenannten Aristotelischen Figuren** des Schlusses:

$$\text{I. Figur: } \frac{\text{M-P}}{\frac{\text{S-M}}{\text{S-P}}} \qquad \text{II. Figur: } \frac{\text{P-M}}{\frac{\text{S-M}}{\text{S-P}}} \qquad \text{III. Figur: } \frac{\text{M-P}}{\frac{\text{M-S}}{\text{S-P}}}.$$

Nur **Übereinkunft**, aber **allgemein gültige** ist es, daß im Schlußsatz allemal der Begriff **Subjekt** sein soll, der in der **zweiten** Prämisse mit M verbunden ist, und **Prädikat** der andere, der in der **ersten** steht. Daher kann nun allgemein die erste Prämisse als **Obersatz** (Propositio major), die zweite als **Untersatz** (Propositio minor) bezeichnet werden, wozu der Natur der Sache nach in der zweiten und dritten Figur, da ihre Prämissen ganz gleichartig gebaut sind, keine Veranlassung läge.

Für alle drei Figuren ist die allgemein gültige Bedingung ihrer Schlußkraft die **vollständige Identität** des Medius terminus **in beiden Prämissen**. Denn S und P würden offenbar gar nicht **durch** M zusammenhängen, wenn **das** M, mit dem P zusammenhängt, ein anderes wäre als das, womit S zusammenhängt.

§ 40.

Betrachtet man die Prämissenstellung der **ersten Figur**, so findet man, daß **derselbe** Begriff M nur dann **naturgemäß** einmal Subjekt, einmal Prädikat sein kann, wenn er ein **Gattungsbegriff** ist, dem der Obersatz ein Prädikat giebt, der Untersatz aber ein Subjekt als Art oder Exemplar unterordnet.

Die Schlußkraft beruht also auf **Subsumption des Besondern unter das Allgemeine**. Sie wird daher nur bestehen, wenn

1) der Obersatz **allgemein** ist (denn nur dann wird im Untersatz das S, welches ein M ist, **gewiß** unter das M des Obersatzes subsumiert, wenn dies letztere **alle** M begreift); wenn

2) der Untersatz **affirmativ** ist (denn da der Schluß auf Subsumption beruht, so würde ein negativer Untersatz, der ja eine solche leugnen würde, den Nerven der Folgerung zerstören). — Dagegen ist

3) gleichgültig die **Qualität** des **Obersatzes** (denn dieselbe Beziehung, die er zwischen M und P aussagt, sie sei Bejahung oder Verneinung, soll und kann im Schlußsatz auf S und P übertragen werden).

4) ist gleichgültig die **Quantität** des Untersatzes (denn eben diese Beziehung von M und P wird nicht geändert durch die **Anzahl der Subjekte**, auf die sie übergeht). — Hieraus folgt endlich

5) daß der Schlußsatz immer die Qualität des Obersatzes und die Quantität des Untersatzes hat (denn aus dem ersten entlehnt er die positive oder negative Beziehung, welche er überträgt, und aus dem zweiten das partikulare oder allgemeine Subjekt, **auf das** er sie überträgt).

Bezeichnen die Vokale der folgenden dreisilbigen Namen (gemäß dem Memorialvers § 35) Quantität und Qualität respective der Propositio major, der Prop. minor und der Conclusio des Schlusses, so giebt es vier schlußkräftige sogenannte 'Modi' der ersten Figur: *Barbăra, Celārent, Darii, Ferio*.

§ 41.

In der **zweiten** Figur setzen die Prämissen zwei Subjekte P und S in Beziehung zu demselben Prädikat M.

Denken wir uns nun zunächst, beide besäßen das M, so folgt daraus offenbar in Bezug auf ihr gegenseitiges Verhältnis gar nichts. Und ganz der gleiche Fall wäre, wenn sie **beide** das M **nicht** hätten. Es dürfen also nicht beide Prämissen affirmativ oder beide negativ sein. Wenn dagegen das eine Subjekt A, partikular oder allgemein, das M hat oder nicht hat, das andre, B, aber sich in Bezug auf M, nicht partikular sondern allgemein, entgegengesetzt verhält, also M stets nicht hat oder hat, so kann A keine Art des B sein.

Hieraus würde folgen, daß eine Prämisse affirmativ, die andere negativ und daß die eine allgemein sein m u ß e, die andere auch partikular sein könne. Da jedoch das A, welches im Schlußsatz Subjekt sein soll, konventionell immer das Subjekt des Untersatzes, S, ist, so muß die allgemeine Prämisse der Obersatz sein, und die Regeln sind nun folgende:

1) der Obersatz der zweiten Figur ist stets allgemein, seine Qualität aber gleichgültig.

2) der Untersatz ist in der Qualität stets dem Obersatz entgegengesetzt, seine Quantität dagegen gleichgültig.

3) der Schlußsatz ist stets negativ und richtet sich in der Quantität nach dem Untersatz.

Die vier Modi sind: *Camestres, Baróco, Cesāre, Festīno.*

§ 42.

In der dritten Figur setzen die Prämissen ein und dasselbe Subjekt in Beziehung zu zwei Prädikaten.

Wenn nun das Subjekt beide Prädikate hat, d. h. beide Prämissen b e j a h e n d sind, so folgt aus diesem gegebenen Beispiel einer wirklichen Verbindung von S und P die Möglichkeit dieser Verbindung, die Vereinbarkeit von S und P, also der Schlußsatz: 'Was S ist, kann P sein', der gewöhnlich (aber eigentlich nicht ganz richtig) in der partikularen Form 'Einige S sind P' ausgedrückt wird. Damit der Medius terminus beide Male genau dasselbe bedeute, also das M der einen Prämisse sicher auch in dem M der andern enthalten sei, muß eine Prämisse, aber gleichgültig welche, allgemein sein. Dies giebt drei Modi: *Darapti, Datīsi, Disāmis.*

Wenn dagegen das M das e i n e Prädikat hat, aber das andere n i c h t, d. h. wenn eine Prämisse bejahend, die andere verneinend ist, so folgt daraus, daß beide Prädikate t r e n n b a r sind, oder genauer: daß dasjenige Prädikat, welches vorkommt, trennbar ist von dem, welches in diesem Beispiel n i c h t vorkommt (verneint ist).

Es folgt aber nicht, daß das hier verneinte Prädikat getrennt von dem bejahten vorkommen könnte. Aus
Alle Thiere sind lebendig
Einige Thiere sind nicht vernünftig
folgt nicht, daß Vernünftigkeit ohne Lebendigkeit vorkommen könnte (obgleich die letztere ganz gut ohne die erste). Da nun [§ 39, vorletzter Absatz] das Subjekt des Schlußsatzes im Untersatz vorkommen muß, so muß dieser bejaht, außerdem gleich wie vorhin, bei zwei affirmativen Prämissen, eine Prämisse allgemein sein. Der Schlußsatz sagt eigentlich bloß: 'Was S ist, braucht nicht P zu sein', wird aber wiederum, eigentlich ungenau, partikular ausgedrückt: 'Einige S sind nicht P'. — Dies giebt abermals drei Modi: *Felapton, Ferīson, Bocardo*.

Wenn endlich beide Prämissen negativ sind, so behauptet man in den Darstellungen der Logik gewöhnlich, es sei kein Schluß möglich — 'ex mere negativis nihil sequitur'. Dies ist durchaus grundlos und falsch. Wenn dasselbe M weder P noch S ist, so folgt daraus, daß P und S einander nicht kontradiktorisch entgegengesetzt sind, und daß folglich dasjenige, was nicht S ist, deswegen noch gar nicht P zu sein braucht. Zum Beispiel: Der Gerechte wird nicht anerkannt — der Gerechte ist nicht unglücklich; Schlußsatz: Wer nicht anerkannt wird, ist deswegen nicht unglücklich. Derartige Schlüsse sind an Werth und Wichtigkeit keineswegs für geringer zu achten, als die die Vereinbarkeit resp. Trennbarkeit von S und P behauptenden aus affirmativen oder gemischten Prämissen. Und sie kommen in der That alle Tage vor, um eine falsche Folgerung zurückzuweisen, die man aus dem Mangel eines Prädikates gezogen hat: 'Weil du das nicht bist, brauchst du noch gar nicht jenes zu sein'.

§ 43.

Überflüssig und tadelnswert ist eine vierte Figur, die des Galenus mit der Prämissenstellung: P-M, M-S, woraus der Schlußsatz S-P fließen soll; z. B.

Alle Rosen sind Pflanzen
Alle Pflanzen bedürfen Luft

Einiges Luftbedürftige ist Rose.

Das natürliche Denken schließt aus jenen Prämissen, indem es sie vertauscht, immer nach der ersten Figur: 'Alle P sind S' — 'Alle Rosen bedürfen Luft'. Der Galenische Schlußsatz dagegen: 'Einige S sind P' ist nicht bloß nicht naturgemäß, sondern sagt weniger aus, als jener. Denn wenn man ihn umkehrt, so giebt er nur den partikularen Satz: 'Einige P sind S' — 'Einige Rosen sind luftbedürftig'. Unzweifelhaft aber ist es ein logischer Fehler, aus gegebenen Prämissen weniger zu schließen, als aus ihnen folgt.

Und in ähnlicher Weise lassen sich immer die nach der vierten Figur möglichen Folgerungen durch Umstellung und Umformung der Prämissen natürlicher und besser nach einer der drei ersten, Aristotelischen Figuren gewinnen.

Modi der vierten Figur: *Bamālip, Calēmes, Dimātis, Fesāpo, Fresīso.*

§ 44.

Nur die erste Figur schien der älteren Logik evident schlußkräftig und vollkommen, die Schlüsse nach den anderen Figuren dagegen erst dann vollständig gerechtfertigt, wenn man sie durch Umformung Umkehrung Umstellung der Prämissen rc. auf die erste Figur zurückführen ('reduzieren') und den vorigen Schlußsatz aus ihnen dann nach dieser ziehen konnte. Die dazu nötigen Operationen deuten die Konsonanten s p m c in den Namen der Modi der zweiten, dritten und vierten Figur an, nach dem Vers*):

s vult simpliciter verti, p verti per accid, [accidens]
m vult transponi. c per impossibile duci.

Es verlangt nämlich m (*metathesis*) Umstellung der Prämissen (daß der Obersatz zum Untersatz, der Untersatz zum Obersatz gemacht werde), s und p befehlen Conversio (und zwar s rein, *sim-*

---

*) Vergl. C. Prantl, Geschichte der Logik im Abendlande (Band I—IV, Leipzig 1855—70), Bd. III, S. 48. 49; Bd. III, S. 15. 16; Bd. II, S. 274—77.

pliciter, p unrein, *per accidens*) desjenigen Satzes, hinter dessen charakteristischem Vokal im Modus-Namen sie stehen. Z. B. um *Disamis* auf die erste Figur zu 'reduzieren', ist der Obersatz (wegen des auf seinen Vokal folgenden s) rein, d. h. hier partikular umzukehren; er ist dann mit dem Untersatz in der Stellung zu vertauschen (wegen des m nach a). Nun zieht man aus diesen umgestalteten Prämissen einen Schlußsatz nach der ersten Figur, der alsdann wieder umzukehren ist (wegen des letzten s) und dadurch endlich den früheren Schlußsatz-nach-*Disamis* wieder ergiebt.

Beispiel. Ursprünglich in Disamis:
Einige Metalle sind magnetisch.
Alle Metalle sind schmelzbar.
Einiges Schmelzbare ist magnetisch.

Reduktion auf Darii der ersten Figur:
Alle Metalle sind schmelzbar.
Einiges Magnetische ist Metall.
Einiges Magnetische ist schmelzbar.
Diese Conclusio umgekehrt:
Einiges Schmelzbare ist magnetisch.

Der Buchstabe c endlich bedeutet eine umständlichere Operation (die *Ductio per impossibile* s. *per contradictoriam propositionem*), die darauf hinausläuft, daß z. B. in Bocardo der Schlußsatz SoP*) negiert, mithin 'ad contradictoriam' der Satz SaP affirmiert und (das c steht im Modus-Namen hinter dem Bezeichnungsvokal des Obersatzes) dieses kontradiktorische Gegenteil des Schlußsatzes an Stelle des Obersatzes von Bocardo gesetzt wird. Aus ihm als Obersatz und der zweiten Prämisse von Bocardo als Untersatz folgt dann ein Schlußsatz nach Barbara, welcher das kontradiktorische Gegenteil der in der That gegebenen ersten Prämisse von Bocardo (und mithin ebenso gewiß falsch als diese richtig) ist, woraus erhellt, daß die Negation des ursprünglichen Schlußsatzes in Bocardo unzulässig, dieser selbst also richtig sei.

§ 45.

Die unterscheidenden Eigentümlichkeiten der drei Aristotelischen Figuren sind also diese:

---

*) SaP, SiP, SeP, SoP soll resp. ein allgemein bejahendes, partikular bejahendes, allgemein verneinendes, partikular verneinendes Urteil mit dem Subjekt S und dem Prädikat P bezeichnen. Dem entsprechend würde dagegen PaS ein allgemein bejahendes Urteil mit dem Subjekt P und dem Prädikat S sein ꝛc.

1) Nur die zweite Figur kann aus einem negativen Untersatz, nur die dritte Figur aus einem partikularen Obersatz schließen.

2) Nur die erste Figur kann zu einem **allgemein bejahenden Schlußsatze** führen. Nur sie hat Schlußsätze aller Art: A, E, I, O; dagegen die zweite nur negative: E, O, die **dritte nur partikulare**: I, O.

Dies macht sich geltend bei **Schlußketten** (syllogismi concatenati, catenae syllogismorum), die daraus entstehen, daß der Schlußsatz des einen Syllogismus, der dann 'Prosyllogismus' heißt, zur einen Prämisse eines andern benutzt wird, der dann den Namen 'Episyllogismus' erhält. Soll der Schlußsatz des letzten Episyllogismus, also der ganzen Kette allgemein bejahend sein, so muß die ganze Kette nach dem Modus Barbara der ersten Figur verlaufen. Ist irgendwo in sie ein partikularer Satz eingetreten, so kann der letzte Schluß nur partikular sein, und nur negativ, sobald ein negativer Schluß irgendwo eingetreten ist.

Kettenschluß (sorites) endlich ist der Name für gewisse im Ausdruck verkürzte und vereinfachte Schlußketten (verkürzt und vereinfacht dadurch, daß man die Schlußsätze aller Prosyllogismen verschweigt). Man pflegt zu unterscheiden den **Aristotelischen** Sorites und den **Goklenischen** Sorites.*) Bau und Verschiedenheit beider sind diese:

Arist. Sor.	Goklen. Sor.
$S - M_{(a)}$	$M_{(z)} - P$
$M_{(a)} - M_{(b)}$	$M_{(y)} - M_{(z)}$
$M_{(b)} - M_{(c)}$	$M_{(x)} - M_{(y)}$
. . .	. . .
. . .	. . .
$M_{(x)} - M_{(y)}$	$M_{(b)} - M_{(c)}$
$M_{(y)} - M_{(z)}$	$M_{(a)} - M_{(b)}$
$M_{(z)} - P$	$S - M_{(a)}$
$S - P$	$S - P$

---

*) So genannt nach Rudolf **Goclenius** (1547—1628), Professor in Marburg, dem Verfasser des 'Lexicon philosophicum', Francof. 1613, welcher in seiner 'Isagoge in Organum Aristotelis', Francof. 1598, für den Sorites zu-

Ausführliches über Schlußketten und Kettenschlüsse findet sich z. B. bei M. W. Drobisch, Neue Darstellung der Logik § 105 ff. (4. Aufl., Leipzig 1875, Seite 120 ff.); J. H. Loewe, Lehrbuch der Logik, Wien 1881, Seite 164 ff.

§ 46.

Alle Syllogismen tragen (wie auch formell ganz deutlich zum Ausdruck kommt, wenn wir uns die nach den andern Figuren auf die erste Figur 'reduziert' denken, § 44) eigentlich nur diejenige Beziehung, die der Obersatz zwischen P und M aussagt, unverändert auf das Subjekt S über, das laut Untersatz irgendwie in dem M mit begriffen ist. Daher ist für die Form des S ch l u s s e s die Natur des Urteils gleichgültig, welches den Obersatz, und auch dessen, welches den Untersatz bildet.

Wenn daher die Prämissen nicht, wie wir sie uns bisher ausschließlich gedacht haben, kategorische Urteile sind, sondern wenn sie in hypothetischer oder disjunktiver Form sich uns darbieten, so erfordern diese Unterschiede (wichtig allerdings für die Urteile als solche) nur Beachtung aber nicht Änderung der zunächst für kategorische Prämissen aufgestellten Schlußregeln. Indessen hat bei etlichen Sorten von Schlüssen mit hypothetischen, resp. disjunktiven Prämissen das sachliche Interesse zu einigen Kunstausdrücken geführt, die erwähnt werden mögen.

Zunächst eine Reihe von Fällen, in denen ein hypothetischer Obersatz an einen Grund G, welcher den Inhalt seines Vordersatzes bildet, im Nachsatz allgemein eine Folge F knüpft, ein kategorischer Untersatz aber die Gültigkeit entweder von G oder von F entweder bejaht oder verneint. Sagt nun

a) der Obersatz positiv: 'Wenn G gilt, gilt immer auch F' und der Untersatz ebenfalls positiv: 'In allen oder einzelnen Fällen von S gilt G', so folgt: 'In allen oder einzelnen Fällen von S gilt auch F'. Dies heißt 'Modus ponendo ponens', weil durch Setzung

---

erst diese (im Rahmen der traditionellen syllogistischen Normen, vergl. oben S. 40, Zeile 9 ff., ja freilich durchaus korrekte) Umformung des Schul-Schemas verlangte.

des Grundes die Folge gesetzt wird, und entspricht den Modis Barbara und Darii. — Wäre

b) der Obersatz derselbe, der Untersatz dagegen negativ, und zwar besagend: 'F besteht nicht', so wäre zu schließen: 'Folglich besteht auch G nicht' — ein 'Modus tollendo tollens', durch Aufhebung der Folge den Grund aufhebend, der sie notwendig begründet haben würde, wenn er gegolten hätte; übrigens augenscheinlich ein Gegenbild von Camestres und Baroco. Wäre

c) der Obersatz negativ: 'Wenn G gilt, gilt niemals F' und der Untersatz sagte positiv: 'Nun aber gilt F', so wäre zu schließen: 'Also gilt G nicht, welches das F unmöglich machen würde, wenn es wäre' — ein 'Modus ponendo tollens' (entsprechend Cesare und Festino), welcher durch Setzung einer Folge den Grund leugnet, der sie unmöglich gemacht hätte.

Und so weiter. Man sieht, daß auch diese Folgerungen sich ohne Schwierigkeit auf den Gedankengang der Aristotelischen Figuren zurückführen lassen. —

'Dilemma', 'Trilemma' ... 'Polylemma' endlich sind die Namen von Schlüssen mit (resp. zwei-, drei- ... vielgliedrigem) disjunktivem Obersatz und mehreren Untersätzen, deren Anzahl der Zahl der disjungierten Glieder im Obersatz gleich ist und die zusammen für jedes dieser Glieder eine und dieselbe Folge T, oder ein und dasselbe Prädikat T, behaupten. Vorzüglich hieß von Haus aus Dilemma (und dem entsprechend auch Trilemma ꝛc.) ein Schluß von der Form:

Wenn Z gelten soll, muß entweder U oder W gelten
Nun gilt weder U noch W
_____
Also gilt Z nicht.

§ 47.

Die Aristotelischen Figuren lassen noch eine andere Auffassung zu. Schließt man nach der ersten Figur in Darii:

Alle Menschen sind sterblich
Cajus ist ein Mensch
_____
Also ist Cajus sterblich

— so ist zwar die **Absicht** des Schlusses, die Wahrheit des an sich noch fraglichen Schlußsatzes aus der bereits feststehenden Wahrheit der Prämissen erst abzuleiten. Allein man bemerkt bald, daß ja 'alle' Menschen nur dann sterblich sind, wenn auch Cajus es ist, und daß auch Cajus ein '**Mensch**' nur ist, wenn er alle wesentlichen Eigenschaften des Menschen, folglich auch die Sterblichkeit hat. Das heißt: der Schluß leidet an einem **doppelten Zirkel**; Obersatz wie Untersatz setzen, um selber gültig zu sein, die Geltung des Schlußsatzes voraus, den sie beweisen sollten.

Diese Schlußweise kann also zur **Erweiterung** der Erkenntnis unmittelbar **nicht** dienen, sondern nur dazu, schon feststehende Wahrheiten in ihr dem sachlichen Verhalten entsprechendes Unterordnungsverhältnis zu bringen.

Erweitern kann sie das Wissen nur, wenn wir

1) um unabhängige Obersätze zu haben, **allgemeine Urteile** behaupten dürfen, noch ehe die Gültigkeit **alles** ihnen untergeordneten Besonderen geprüft ist; — und wenn wir

2) um eben solche **Untersätze** zu haben, ein Subjekt um **einiger** Merkmale willen einem Allgemeinbegriff unterordnen dürfen, noch ehe wir wissen, ob es **alle** Prädikate desselben hat.

§ 45.

Die Obersätze nun kann die zweite Figur herbeischaffen, wenn wir sie etwas erweitern. Ihre Prämissen sind ganz gleich gebaut: P-M, S-M. In der Erfahrung wird es oft vorkommen, daß deren noch mehrere: Q-M, R-M, T-M ... gegeben sind.

Aus gegebenen Prämissen aber muß man so viel schließen, als daraus eben folgt.

Sind uns also die Prämissen P-M, S-M, Q-M, R-M ... gegeben, d. h. haben viele, sonst verschiedene Subjekte dasselbe Prädikat, so schließen wir, daß nicht jedes einzelne von ihnen durch einen **besonderen Zufall** das M habe, sondern daß **ein und derselbe, gemeinsame Grund** es ihnen allen auf **einmal** nötig mache.

Diesen Grund hebt man in Gestalt eines Gattungsbegriffs hervor, dessen Arten alle jene Subjekte sind, und behauptet nun, daß diesem Begriff Σ das M allgemein zukomme, und daß jene Subjekte nur vermittelst ihrer Unterordnung unter Σ das M besitzen. Der Schlußsatz ist also: 'Jedes Σ ist M' — und dies ist der einfache Schluß der Induktion, der hier seine systematische Stelle hat.

Man unterscheidet vollständige und unvollständige Induktion. Die erste findet statt, wenn man weiß, daß die aufgezählten Subjekte der Prämissen zusammen alle Arten von Σ erschöpfen. Allein obgleich dann der universale Satz: 'Alle Σ sind M' vollkommen streng behauptet werden kann, da man ja von jeder einzelnen Art des Σ dasselbe schon in den Prämissen behauptet hat, so ist doch anderseits dieser Schlußsatz eine bloße Summierung früherer, aber keine Erweiterung der Erkenntnis. Denn seine Verwandlung in ein generelles Urteil: 'Jedes Σ ist M' ist im Grunde unerlaubt; denn daraus, daß faktisch alle Arten von Σ ein Prädikat haben, folgt weder, daß sie es als Arten von Σ haben, noch daß alle etwa noch zu entdeckenden Arten von Σ es haben werden.

Dieser letzte Schluß, wenn man ihn macht, ist eben die unvollständige Induktion, welche davon, daß einige Arten von Σ ein Prädikat haben, auf das Vorkommen desselben an allen Arten, und zwar infolge ihres gemeinsamen Gattungsbegriffes, schließt. Diese Induktion allein, obgleich als Folgerung ad subalternantem nicht streng schlußkräftig, erweitert die Erkenntnis, bedarf aber in der angewandten Logik einschränkender Regeln.

§ 49.

Ähnlich kann die dritte Figur zur Bildung der oben verlangten Untersätze führen.

Vermehrt man ihre gleichgebauten Prämissen: M-S, M-P, M-Q, M-R..., so stellen sie den häufig vorkommenden Fall vor, daß an demselben Subjekt vielerlei Eigenschaften haften. Man folgert auch hier, daß nicht jede durch einen **besonderen Zufall**, sondern alle **aus einem und demselben Grund** vorhanden sind, und zwar deswegen, weil M eine Art der Gattung Σ sei, in welcher die Verknüpfung der Merkmale SPQR... vorgeschrieben sei. Man schließt also: 'M ist ein Σ' — welches der einfachste **Schluß der Analogie** ist.

'**Vollständig**' wäre auch diese nur dann, wenn man zeigen könnte, SPQR... seien zusammen die Gesamtheit der Prädikate, die Σ verlangt. Denn freilich, was alle Eigenschaften eines Σ hat, scheint selbst notwendig ein Σ zu sein. Und doch ist auch diese Folgerung nicht ganz streng. Im Grunde kann man nur die Prämissen **summieren** und im Schlußsatz sagen, daß faktisch an M alle Prädikate da sind, die zu einem Σ gehören. Daß sie aber nicht bloß **faktisch** da sind, sondern **vermöge dessen** da sind, daß M ein Σ ist, ist niemals vollkommen streng zu beweisen, sondern dieser Schluß steht der '**unvollständigen Analogie**' gleich, welche von einigen an M beobachteten Merkmalen darauf schließt, M werde auch die anderen Merkmale haben, die mit den vorigen zusammen ein Σ ausmachen, und M sei deshalb ein Σ.

B. Die Formen des Rechnens.

§ 50.

Die Lehre vom Urteil schloß mit der **disjunktiven Form**, welche aussagte, daß dem S die eine oder die andere specielle Modifikation des allgemeinen Prädikats P zukommen müsse, welches dem höheren Gattungsbegriff von S, nämlich dem M gehöre. Damit diese Wahl entschieden werde, war es notwendig, daß S nicht bloß als **Art von M überhaupt**, sondern auch rücksichtlich seiner specifischen Natur, durch die es sich von anderen Arten des M unterscheidet, in Betracht gezogen werde.

Die erste Aristotelische Figur, die auf diesem Verhältnis der Subsumption beruht, thut dies **nicht**. Sie ordnet im Untersatz das S nur überhaupt als Art dem M unter und kann ihm deshalb im Schlußsatz auch nur das allgemeine P ohne nähere Bestimmung zuschreiben. Diese Folgerung ist teils nicht richtig, da das P in dieser Unbestimmtheit nicht Prädikat des S sein kann, teils befriedigt sie unsere Bedürfnisse nicht. Denn im Leben genügt es selten, zu schließen: 'Metalle sind schmelzbar — Eisen ist Metall — also ist Eisen schmelzbar'; sondern man will wissen, wie Eisen als Eisen, im Unterschiede z. B. von Blei, also bei welchem Temperaturgrad etwa, schmelzbar ist.

§ 51.

Zu derselben Forderung führt noch eine andere Betrachtung. Man kann feste und veränderliche (geschichtliche) Prädikate eines Subjekts unterscheiden. Die bisherige Schlußweise bezog sich nur auf die ersten. Denn solche Eigenschaften, die einem Subjekt vermöge seiner Unterordnung unter seine höhere Gattung zukommen, kommen ihm natürlich immer zu und sind feste Prädikate. Aber im Leben durchgängig und in der Wissenschaft sehr oft interessieren uns weit mehr die veränderlichen, d. h. die, welche ein Leiden eine Thätigkeit einen Zustand, kurz irgend etwas bezeichnen, was dem S widerfährt, sofern gewisse Bedingungen auf S wirken, was aber daraus, daß S eine Art von M ist, niemals fließen würde (nur soviel versteht sich, daß die Unterordnung des S unter M ein solches Prädikat gestatten muß).

Auch dieses Bedürfnis, welches z. B. bei der Berechnung aller zukünftigen Ereignisse und bei der Überlegung der Mittel zu unserm Handeln hervortritt, verlangt, daß man zu S ein ganz bestimmtes Prädikat finde, welches nicht aus Subsumption des S unter einen Allgemeinbegriff, sondern aus der Berücksichtigung der speciellen Natur des S und aller auf dasselbe wirkenden Bedingungen entspringt.

§ 52.

Auch der Schluß der Analogie verlangt, wenn er etwas nützen soll, daß wir von einigen Merkmalen, die wir an einem

Subjekt bemerken, unmittelbar auf die Gegenwart auch anderer Merkmale und aus der Summe dieser Merkmale erst secundo loco darauf schließen, das Subjekt sei eine Art einer Gattung. — Das bisherige Verfahren war umgekehrt: zuerst wurde ein Subjekt als Art einer Gattung subsumiert und daraus secundo loco auf sein Prädikat geschlossen.

Es fragt sich nun, ob sich streng ausführen läßt, was diese Analogie nicht streng konnte, d. h. ob wir aus der Gegenwart gewisser Merkmale oder Bedingungen an einem Subjekt S unmittelbar und ohne den Umweg durch einen allgemeinen Gattungsbegriff zu nehmen auf die notwendige Gegenwart oder Abwesenheit und auf den bestimmten Wert andrer Merkmale des S schließen können.

§ 53.

Diese Bedürfnisse würden nun in einer Schlußweise befriedigt, deren Obersatz einen Allgemeinbegriff M in die Gesamtheit seiner Teile zerlegt und die entwickelte Kombination dieser Teile ihm als gleichgeltend substituiert, also

$$M = a + bx + cx^2 + \cdots$$

wo alle mathematischen Zeichen bloß die **Mannigfaltigkeit der möglichen Verbindungsweisen der Merkmale** versinnlichen sollen. Der Untersatz würde von S behaupten, nicht bloß, daß es eine Art von M überhaupt, sondern die bestimmte Art von M sei, die man erhalte, wenn man auf das allgemeine M eine weitere determinierende Bedingung einwirken lasse. Dies giebt, wieder durch ein mathematisches Symbol bezeichnet, dem Untersatz die Form

$$S = \varphi(M).$$

Der Schlußsatz hat nun auszusagen, welches ganz bestimmte Prädikat dem S zukommen muß, weil die im Obersatz dem M gleichgesetzte Kombination von Merkmalen in ihm den speciellen Einfluß der im Untersatz durch φ bezeichneten Bedingungen erfahren hat.

Man begreift ohne Erinnern, daß diese Schlußweise unmittelbar und streng nur in der **Mathematik** anwendbar ist. Bei andern Objekten des Denkens, z. B. Begriffen natürlicher Arten und Gattungen, können wir die Substitution im Obersatz nicht ausführen, weil wir nie vollständig **alle Merkmale** einer Gattung und noch weniger genau alle ihre **Verbindungsweisen** kennen. Wir können ferner im **Untersatz** niemals vollständig zeigen, durch welche Determinationen φ die Gattung M in die Art S übergeht. Begnügten wir uns aber, ein einzelnes Merkmal x hervorzuheben, durch welches sich S von andern Arten des M **unterscheidet** (ohne daß man aus x **positiv die ganze Natur von S** kennen lernte), so würde man im Schlußsatz nicht nachweisen können, welchen umgestaltenden Einfluß dieses x auf alle oder auf eines der **qualitativ** von ihm verschiedenen Merkmale, die der Obersatz erwähnt, oder auf deren Verbindung ausüben müßte.

Alles dies ist nur möglich auf **mathematischem** Gebiet. Da jede Größe mit der andern vergleichbar, alle in dieselben Einheiten auflösbar, aus ihnen durch verschiedene Kombinationen wiedererzeugbar, endlich in ihrem Inhalt, d. h. ihrem **Werte** vollkommen bestimmt sind, und da es Rechnungsregeln giebt, welche **genau das** Facit bestimmen, das herauskommt, wenn auf eine bestimmte Kombination von Größen eine bestimmte Operation angewandt wird, so ist es hier möglich, den Schlußsatz wirklich auszuführen und das Schema φ (M) in ihm durch eine bestimmte Wertangabe auszufüllen. Zum Beispiel:

$$\begin{array}{r} M = a + b \\ \underline{S = M^2} \\ S = a^2 + 2ab + b^2 \end{array}$$

Diese Beschränkung auf **Mathematik** raubt jedoch diesem Schluß seinen Platz in der Logik nicht. Denn auch das Rechnen ist ein Denken, und nicht das unwichtigste. Anderseits ist zu bedenken, daß eine **sichere** Erweiterung der Erkenntnis uns wirklich nur so weit gelingt, als wir die Gegenstände unseres Nachdenkens auf Größenverhältnisse zurückführen und mit ihnen rechnen können.

§ 54.

Soll nun aber diese Anwendung des Rechnens auf qualitativ verschiedenartige Inhalte stattfinden, soll man also aus dem Dasein und dem Werte eines Merkmals auf Dasein und Wert eines andern schließen können, so muß man die Verknüpfung beider und die Abhängigkeit des einen vom andern, welche sich eben logisch gar nicht begründen lassen, als faktisch voraussetzen und kann nichts weiter thun, als nach dem allgemeinen Gesetz, welches für diese Abhängigkeit gilt, zu jedem gegebenen Wert des einen Merkmals den zugehörigen des anderen berechnen. Dies geschieht in der Form der Proportion:
$$e : E = t : T.$$

Die Proportion führt nicht den Inhalt des einen Merkmals auf den qualitativ verschiednen des andern zurück, sondern läßt beide sein, was sie sind. Sie vergleicht auch gar nicht allgemein die absoluten Größen der Veränderungen, welche die beiden correspondierend erfahren. Denn auch diese sind häufig, da sie nach ganz verschiedenen Maßstäben gemessen werden, nicht vergleichbar. Sie vergleicht eigentlich nur die Anzahl der Veränderungseinheiten, welche beide Merkmale (die Veränderung eines jeden nach ihrem eignen Maß gemessen) durchlaufen, und bestimmt aus der gegebenen Anzahl für das eine Merkmal die entsprechende für das andere.

Es versteht sich von selbst, daß auf dieser Schlußweise fast alle Anwendung der Mathematik auf das Reale beruht, daß ferner Proportionen genau nur möglich sind, wo die Merkmale des Realen quantitativ bestimmbar sind, daß sie aber in Bezug auf andre Objekte des Denkens in ungenaue Gleichnisse übergehen.

§ 55.

Eine Ungenauigkeit enthält noch der obige Ausdruck einer Proportion. Ist E die Ausdehnung, T die Temperatur, so führt jener Ausdruck auf die Vorstellung, als gäbe es zwei Merkmale, die schlechthin und ohne Rücksicht auf das Subjekt, an dem sie vorkämen, in einem unveränderlichen Verhältnis zu einander ständen. Um wie viel sich aber die Ausdehnung bei jedem Grad Temperaturzunahme vermehrt, hängt von der Natur des erwärmten Körpers ab und ist verschieden bei verschiedenen. Auch beruht ja überhaupt die Notwendigkeit, daß ein Merkmal auf das andre einen Einfluß übe, nur darauf, daß sie Merkmale eines und desselben Subjektes sind. — Dies gilt für jedes Paar von Merkmalen. Und man wird deshalb die Natur des Subjektes als ein solches Gesetz auffassen müssen, aus welchem die Proportionen aller seiner einzelnen Merkmalspaare fließen.

Einen formellen Ausdruck für diese logische Forderung hat annähernd ebenfalls die Mathematik, und zwar die analytische Geometrie, in den Gleichungen z. B. der Kurven gefunden, in denen sie durch eine Proportion zwischen den korrespondierenden Zunahmen der Abscissen und Ordinaten die ganze Natur einer krummen Linie, ihre Gestalt und Richtung ꝛc. bestimmt.

Auch diese Gleichungen freilich beruhen darauf, daß eben alle Eigenschaften, die einem räumlichen Gebilde zukommen können, z. B. auch seine Krümmung u. dergl., doch nur auf verschiedenen gleichartigen Größen beruhen, qualitativ unvergleichbare Eigenschaften aber nicht vorkommen. Eine Ausdehnung dieser logischen Form auf die Behandlung des Realen, z. B. der Versuch, für die Natur des Menschen eine ähnliche Formel zu finden, wie man sie für die Natur der Ellipse besitzt, ist eine unendliche komplizierte und mit Strenge ganz unausführbare Aufgabe. Approximativ aber hat man sie immer zu lösen gesucht, indem man einen sogenannten 'konstitutiven Begriff' jedes Gegenstandes zu finden strebte.

Man unterschied nämlich einen bloß distinguierenden Begriff, der bloß hinreicht, um sein Objekt von anderen zu unterscheiden, aber nicht positiv erschöpft worin es selbst besteht, einen beschreibenden Begriff, welcher möglichst vollständig den Inhalt seines Objekts angiebt, aber keinen wesentlichen Unterschied der Rangordnung zwischen ursprünglicheren, gesetzgebenden und abgeleiteten, abhängigen Merkmalen macht, endlich diesen konstitutiven oder spekulativen Begriff oder die Idee, welche sich darauf beschränkt, einen gewissen Ur-Inhalt des Gegenstandes zu bezeichnen, aus welchem sich dann alle seine einzelnen Merkmale und deren Verknüpfung als notwendige Konsequenz von selbst ergeben.

C. Von den systematischen Formen.

§ 56.

Zur Auffindung eines solchen 'konstitutiven Begriffes' bedenken wir, wie schon in der Lehre vom Begriff, daß die vereinzelte Betrachtung eines Gegenstandes für sich uns die wesentlichen und gesetzgebenden Merkmale in ihm von den unwesentlichen und abhängigen nicht unterscheiden lehrt. Das Gesetzgebende in ihm finden wir in dem Allgemeinen, das ihm mit andern seiner Art gemeinsam ist. Wir werden dadurch auf den Weg der Klassifikation geführt und glauben das 'Wesen' eines Gegenstandes erst dann zu kennen, wenn wir ihm seine Stelle in einem 'System' anweisen können, welches von einem allgemeinsten Begriff beginnt, demselben viele allgemeine Begriffe als Arten unterordnet, endlich diesen wieder eine Vielheit besonderer Begriffe.

§ 57.

Nicht ganz diese Aufgabe, sondern eine äußerlichere erfüllt die sogenannte künstliche Klassifikation, die entweder aus einem Allgemeinbegriff M oder einem allgemeinen Falle M alle seine Arten oder Einzelfälle entwickelt, oder diese Besonderheiten als bekannte dem M unterordnet. Man unterscheidet folgende Operationen:

1) die Partition des M in seine verschiedenen Merkmale a, b, c ...

2) die Disjunktion jedes dieser Merkmale in seine Arten: des a in $\alpha_1, \alpha_2 \ldots$, des b in $\beta_1, \beta_2 \ldots$ ꝛc.

3) die **Kombination** jeder einzelnen Art jedes Prädikats mit jeder Art jedes andern; also $\alpha_1\beta_1\gamma_1$, $\alpha_1\beta_1\gamma_2$ ..., $\alpha_1\beta_2\gamma_1$ ..., $\alpha_2\beta_1\gamma_1$ ...

4) die **Anordnung** der so deduzierten Arten des M entweder nach bekanntem lexikalischen Princip oder einem anderen, den Zwecken des Gebrauchs entsprechenden.

5) eine **Korrektion**, durch welche die ungültigen oder unmöglichen Arten wieder entfernt werden, die daher stammen, daß wir nur auf die Gegenwart, aber nicht auf die **Verknüpfungsweise** der Merkmale a b c in M geachtet haben. Es ist möglich, daß einzelne Modifikationen dieser Merkmale, etwa $\alpha_3\beta_2\gamma_2$, sich in dieser Weise gar nicht verknüpfen lassen (Beispiel: M = Dreieck, a = Winkel, b = Seiten, α_1 = rechte, α_2 = schiefe Winkel, β_1 = gleiche, β_2 = ungleiche Seiten. Hier ist $\alpha_1\beta_1$ unmöglich). —

Das ganze Verfahren wird selten dazu gebraucht, aus einem Begriff M dessen Arten zu **deduzieren**; man kennt meistens die Arten vorher und **ordnet** sie dem M nur **unter**. Viel öfter dient es, um aus einem allgemeinen **Falle** M (einem Urteil) die denkbaren speciellen Fälle zu entwickeln, und hier hat es gerade Interesse, zu wissen, welche von ihnen möglich oder unmöglich sind, welche Maßregel z. B. nützlich, welche widersinnig ist.

§ 58.

Die **künstlichen** Klassifikationen systematisieren eigentlich mehr den **Weg**, den wir zur Übersicht des Inhalts nehmen müssen, als diesen **Inhalt selbst**. Die einzelnen Arten stehen schließlich nebeneinander, ohne daß aus dieser ihrer Anordnung eine Kenntnis über ihre Natur entspränge. Diese Aufgabe der Klassifikation, das **Wesen** jeder Art durch ihre Stelle im System zu bestimmen, führt daher zu dem neuen Versuch, in der sogenannten 'natürlichen Klassifikation' die Arten eines Begriffes M so in eine Reihe oder in Reihen von Reihen zu ordnen, daß sie von den unvollkommensten einen stetigen Fortschritt zu den vollkommensten bilden.

Daß zwei Arten ihrem Allgemeinbegriff, dessen Merkmale sie

beide sämtlich besitzen müssen, mehr oder minder adäquat entsprechen können, ist deshalb möglich, weil die Merkmale in sehr verschiedenen Größen kombiniert, die Beziehungen zwischen ihnen in vielerlei speciellen Formen und verschiedenen Graden der Engigkeit gedacht werden können. Aus allgemeinem logischen Vorurteil wird man z. B. die Art für vollkommen halten, die alle Merkmale gleichmäßig ausgebildet hat, für unvollkommen die, in der einzelne Merkmale verschwinden, andere übermäßig hervortreten. Aber dieses Vorurteil bedarf stets der Korrektion oder Bestätigung aus der Kenntnis der Sache, und nur im einzelnen Fall läßt sich aus dieser Sachkenntnis bestimmen, ob jene Gleichmäßigkeit, und nicht vielmehr ein bestimmtes Ungleichgewicht der Merkmale dem Sinn des Allgemeinen adäquater sei.

Um aber von einem solchen 'Sinn' sprechen zu können, setzt man weiter voraus, daß auch der Allgemeinbegriff M selbst Glied einer höheren Reihe sei und in dieser neben N, O, P ... als anderen Arten eines noch höheren Allgemeinen seine Stelle habe, so daß ihm vermöge dieser Stelle eine bestimmte Aufgabe gestellt sei, nach welcher sich abmessen läßt, welche von seinen eigenen Arten die vollkommnere sei, weil sie dieser Aufgabe besser entspreche.

So geht die Reihe dieser Voraussetzungen fort. Denn auch für die Reihe M N O P ... muß man in irgend einer noch höheren, schließlich in der umfassenden Reihe des ganzen Weltzusammenhangs den Ort aufsuchen, den sie einnimmt und aus welchem die Richtung erhellt, in welcher in ihr selbst der Fortschritt vom Niederen zum Höheren geschieht. Ohne diesen vollständigen sachlichen Nachweis für den Grund dieser Wertabschätzungen bleiben alle natürlichen Klassifikationen, die sich auf ein einzelnes Gebiet von Gegenständen, Ereignissen oder auch Begriffen beschränken, logisch unbeweisbar. Indem sie nur einen Allgemeinbegriff zu Grunde legen, dessen Entwicklungsrichtung sie zu kennen glauben, bringen sie zwar geistreiche und nicht unwahre, aber nicht so ausschließlich wahre Behauptungen vor, wie sie hier gefordert würden, wo man ja den 'konstitutiven Begriff' jeder einzelnen Art verlangt, aus welchem ihr ganzes Verhalten ableitbar sein soll.

§ 59.

Außer diesen vermeidbaren Mängeln hat jedoch die natürliche Klassifikation einen allgemeinen unvermeidlichen. Der 'konstitutive Begriff', den wir suchten, sollte uns vor allem erklären, wie sein Inhalt sich verhalten, zurückwirken oder sich ändern muß, wenn irgend welche Bedingungen auf ihn wirken. Davon lehrt die Klassifikation nichts. Sie giebt nur eine Deutung des Sinnes, den der als unveränderlich gedachte Begriffsinhalt in der Reihe der Arten hat, mit denen zusammen er die Natur eines Allgemeinbegriffes ausdrückt. Aber sie erklärt nicht, wie er entstehen, bestehen, sich erhalten, sich verändern oder zu Grunde gehen kann.

Es mag dahingestellt sein, welche von beiden logischen Formen ein höheres Bedürfnis befriedigt. Gewiß ist, daß jene 'Deutung' nicht allein genügt, daß sie durchaus nicht die Stelle der 'Erklärung' mit vertreten kann, daß endlich die letzte zu den praktisch dringendsten Aufgaben des Lebens gehört.

§ 60.

Die erklärende Wissenschaft, welche die letztere Aufgabe übernimmt, unterscheidet sich ihrer Form nach von der Klassifikation so:
Sie geht nicht, wie diese, von einem einzelnen Begriff aus, und entwickelt nicht die denkbaren Arten desselben so, als verstände sich von selbst, daß alles, was jener Begriff zu seiner vollständigen Darstellung postuliert, um deswillen auch möglich oder schon wirklich sei. Da vielmehr über dieses letztere und darüber, wie der Begriffsinhalt sich unter beliebigen Bedingungen verhalten wird, natürlich nicht dieser Begriff allein, sondern nur eine Regel entscheiden kann, die für ihn und eine solche äußere Bedingung zugleich gilt, so beginnt die erklärende Wissenschaft mit einem oder

mehreren Urteilen, welche als allgemeine Gesetze aufgestellt werden. Sie sind also von der Art, daß sowohl ihr Subjekt als ihr Prädikat (oder ihr Vorder- und ihr Nachsatz) allgemein sind und viele Fälle unter sich begreifen; der Inhalt des Urteils aber bestimmt die Regel, nach der einer der Fälle des Nachsatzes von einem der Fälle des Vordersatzes abhängt.

Da nun aus allgemeinen Gesetzen an sich nichts folgt, so ist das zweite notwendige Element eine Reihe von Thatsachen, entweder einzelner oder kollektiv ausgedrückter, die dann selbst die Stelle allgemeiner Fälle vertreten, und durch welche im einzelnen Fall die bestimmte Modifikation des im Vordersatz oder im Subjekt des allgemeinen Gesetzes enthaltenen Inhalts bezeichnet wird, in Bezug auf welche eine Bestimmung ihres Nachsatzes oder ihrer Konsequenz gesucht wird.

Aus der Unterordnung des Faktums unter das Gesetz entspringt nun eine neue Erkenntnis deswegen, weil das Faktum nur teilweis, etwa nach einer seiner Seiten, bekannt zu sein braucht, um unter das Gesetz subsumierbar zu sein, in Folge der Subsumption aber eine früher an ihm nicht bekannte Seite bestimmt und bekannt wird. Die wesentlichste Aufgabe der erklärenden Theorie besteht jedoch nicht in dieser einfachen Schlußfolgerung, sondern darin, den wechselseitigen Einfluß nachzuweisen, den sehr viele von einander unabhängige Bedingungen auf einander ausüben, wenn sie auf ein und dasselbe Subjekt einwirken, und die ganze Natur des Subjektes als das Gesamtresultat des vollständigen Kreises seiner Bedingungen darzustellen (vergl. die 'angewandte Logik').

§ 61.

Der Geist der erklärenden Theorie streitet nun mit dem der Klassifikationen.

Die letzteren glauben nicht bloß das Einzelne durch den allgemeinen Begriff, als dessen Art sie es fassen, oder durch seine Stelle in der Reihe anderer Arten zu erklären, sondern auch es zu legitimieren. Nur dadurch nämlich, daß es Art eines Allgemeinbegriffs ist, der seine wohlbekannte Stelle in der Gesamtordnung des Weltinhalts hat, kommt dem Einzelnen gleichsam eine rechtliche Existenz zu. Es würde unwahr oder unklar sein, wenn man nicht die Frage, was es sei, durch Aufweisung seines Allgemeinbegriffs beantworten könnte.

Die erklärende Theorie giebt diesen Gedanken auf. Sie legt z. B. gar keinen Wert darauf, ob irgend ein vorliegendes Objekt 'Tier' oder 'Pflanze' sei. Sie befiehlt, man solle untersuchen, aus welchen Elementen in welcher Proportion und Verknüpfungsform das Objekt bestehe, und welche Kräfte nach welchen Gesetzen zwischen diesen Elementen selbst und zwischen ihnen und der Außenwelt thätig sind. Wisse man dies, so kenne man das ganze Objekt und sein ganzes jetziges und künftiges Verhalten. Die Beantwortung der Frage aber, ob es 'Tier' oder 'Pflanze' sei, füge zu dieser Kenntnis gar nichts hinzu. Die vollständige Erkenntnis bestehe also darin, jeden Gegenstand als das Endresultat aufzufassen, das aus der Wechselwirkung verschiedener Bedingungen oder Kräfte hervorgeht, welche Kräfte sämtlich nicht allein zur Begründung dieses einzelnen Objektes wirken, sondern auch sonst überall nach allgemeinen Gesetzen wirken und dieses Objekt nur erzeugten, weil sie sich in dieser und nicht in einer andern ihrer vielen möglichen Verbindungsformen befanden.

§ 62.

Es ist evident, daß die erklärende Wissenschaft hier den Wünschen unserer Erkenntnis nicht vollständig Genüge thut. Sie behandelt jede Erscheinung, jedes Ereignis nur als ein gleichgültiges Beispiel allgemeiner Gesetze und als Ergebnis vieler faktisch zusammenwirkender Bedingungen, denen es nicht notwendig war überhaupt oder gerade so zusammenzuwirken. Die Objekte entbehren daher nach ihrer Betrachtungsweise sowohl der inneren Einheit als der Notwendigkeit ihres Daseins. Es kann nur hypothetisch gesagt werden, daß, wenn einmal diese oder jene Bedingungen gelten, dann die Objekte so oder anders sein müssen. Aber es bleibt dahingestellt, welche Bedingungen wirklich gelten.

Gegen diese Auffassungsweise behält uns der Grundgedanke der Klassifikationen allerdings Recht. Es ist notwendig, zu glauben, daß in der Welt nicht bloß allgemeine Gesetze gelten, die Anordnung der Thatsachen dagegen, um deren willen aus den Gesetzen eine bestimmte Form der Wirklichkeit fließt, principlosem Zufall überlassen sei, daß vielmehr auch in der Anordnung jener Thatsachen ein Prinzip, nämlich eben eine Idee wirksam sei, welche den ganzen geordneten Enderfolg, das ganze System der vernünftigen Erscheinungen vorherbestimme, die durch jene Thatsachen in Gemäßheit der Gesetze verwirklicht werden sollen.

Das Ideal der Erkenntnis würde also darin bestehen, für die Dinge solche 'konstitutive Begriffe' oder 'Ideen' zu finden, welche nicht nur den Sinn und die Bedeutung derselben bestimmten, sondern auch zeigten, wie dieser Sinn sich selber durch Zusammenbringung der nötigen Bedingungen und Kräfte seine Verwirklichung giebt. Diese Aufgabe führt gänzlich über die Grenzen der Logik hinaus und kann nur in der realen Philosophie wieder aufgegriffen werden (vergl. die 'Encyklopädie der Philosophie').

Zweiter Hauptteil.
Angewandte Logik.

Erstes Kapitel.
Von der Anwendung der Begriffsformen.

§ 63.

Jede Mitteilung eines innern Zustandes, er sei Gefühl oder Gedanke, ist ein Versuch, die eigenen innern Thätigkeiten eines

Andern so zu dirigieren, daß er den mitzuteilenden Inhalt selbst in sich erleben muß. Fertig kann der Inhalt niemals von Einem zum Andern übertragen werden.

Vieles nun läßt sich nur so mitteilen, daß wir den Andern **physisch** in den Zustand versetzen, in welchem er das Fragliche empfinden muß. Man wendet ihn gegen das Licht oder schlägt ihn, damit er wisse, was 'Helligkeit' oder 'wehthun' sei. In andern Fällen, wie in der Kunst, erzeugt man eine 'Stimmung', indem man indirekt, durch eine Reihe wechselnder Vorstellungen, das Gemüt durch eine Reihe von Einzelgefühlen hindurchführt.

Gedanken dagegen sollen einer **logischen** Mitteilung fähig sein, die darin besteht, daß dem Andern eine genau bestimmte Reihenfolge von Verknüpfungen und Trennungen als bekannt vorausgesetzter Einzelvorstellungen vorgeschrieben wird, als deren logisches Resultat ihm dann genau der mitzuteilende Begriff übrig bleibt. Zwei entgegengesetzte Methoden giebt es hierzu: die Erklärung eines Begriffs durch **Abstraktion** und die durch **Konstruktion**.

§ 64.

Durch **Abstraktion** erklären wir dann, wenn wir von **einzelnen Beispielen** des zu erklärenden Begriffs, die uns bekannter sind als er selbst, alles das Besondere abziehen, was nicht zu ihm gehört, so daß er allein für die Anschauung übrig bleibt. Man kann diesen Weg fast überall wählen. Notwendig aber ist er bei allen **einfachen** Begriffen, wie z. B. 'Sein' 'Werden' 'Einheit' ꝛc., deren Inhalt aus keiner Zusammenfügung anderer Vorstellungen besteht.

Der zweite Weg, der **Konstruktion**, die den Begriff aus seinen Bestandteilen zu erbauen sucht, muß bei allen **zusammengesetzten** wenigstens versucht werden. Denn die Abstraktion macht den Inhalt des Begriffs nur als Ganzes anschaulich, aber belehrt nicht über seine **innere Struktur**. — Vollkommen ausführbar ist die Konstruktion nur in **mathematischen** Dingen, weil hier die Bedeutung der Einzelvorstellungen, welche, und die Arten, wie sie zu verbinden sind, unzweideutig bestimmt werden können. Beides ist bei andern Begriffen, die qualitativ ver­schiedene Merkmale in vielfältigen Verhältnissen verbinden, nicht möglich. Und deshalb wird zur Erklärung womöglich die bildliche Anschauung hinzugezogen.

Definition ist nun die Art der Konstruktion, welche durch bloß logische Operationen einen Begriff aufzubauen sucht. Im Grunde sieht sie stets den größten Teil der Arbeit als schon ge­leistet an, indem sie sich auf einen höhern Allgemeinbegriff bezieht, der bekannt sei und die ganze schwerzuerläuternde Ver­bindungsweise aller Merkmale bereits enthalte. Zu diesem fügt sie ein specifisches Merkmal, welches hinreicht, den fraglichen Be­griff von andern Arten desselben Allgemeinen zu unterscheiden, überläßt es aber nebenher der Phantasie, sich die entsprechenden anderen specifischen Merkmale zu denken, die hier an die Stelle der allgemeinen des Allgemeinbegriffs treten und mit jenem einen zusammen erst die ganze Natur des Definiendum bilden. — Wo man dennoch versucht, sie alle aufzuzählen, wird die Definition zur Beschreibung, die wegen ihrer Unvollendbarkeit nicht für eine eigne logische Form gilt.

§ 65.

Es ist wesentlich für die Definition, daß der dabei verwendete Gattungsbegriff der nächsthöhere, das 'Genus proximum' sei.

Zu weite Definitionen, die nicht bloß auf das Definiendum, sondern auch noch auf Anderes passen, das man davon unterscheiden will, entstehen, wenn man nicht dieses Genus proximum, son­dern einen noch weit höheren Allgemeinbegriff zum Ausgangs­punkt wählt, an den sich dann die 'Nota specifica' nicht immer so anschließen läßt, daß nicht auch Anderes unter diese Definition fiele. Der Fehler wird häufig begangen auf praktischem Gebiet, indem gewöhnlich zu besserer Empfehlung eines Vorschlags ein sehr hoher und vornehmer Allgemeinbegriff benutzt wird.

Zu enge Definitionen führen Merkmale auf, die dem Definiendum nicht notwendig sind, schließen also einige Arten aus. Sie entstehen leicht aus der Beschränktheit unseres Erfahrungskreises, der uns an einige näher verwandte Arten des Allgemeinen gewöhnt.

Einen Zirkel begeht die Definition, wenn sie in der Erklärung das zu Erklärende unter andrer Form voraussetzt. Dieser Fehler entsteht immer, wenn man einfache Begriffe, wie 'Sein' 'Werden' u. dergl., die nur durch Abstraktion klar zu machen sind, konstruktiv definieren will.

Kein Fehler endlich, aber eine Verleitung zu Fehlern ist die Gewohnheit, alle Definienda erst substantivisch zu fassen, auch wenn sie ihrer Natur nach verbal oder adjektivisch sind. Es ist natürlicher und zweckmäßiger so zu definieren: 'Ein Körper ist elastisch, wenn er..' oder 'Ein Organismus lebt (ist krank), wenn..', als so: 'Elasticität ist..' oder 'Leben (Krankheit) ist...' Die letzteren Ausdrucksweisen sind zwar oft ganz unschädlich, erzeugen aber auch oft die Gewohnheit, Zustände Eigenschaften und Ereignisse als substantielle selbständige Wesen zu behandeln.

§ 66.

Die Aufgabe der Definition, den Inhalt des Begriffes nicht bloß anzugeben, sondern auch gegen den anderer Begriffe zu begrenzen, kann oft nur durch willkürliche Festsetzung des Sprachgebrauches ausgeführt werden.

Zuerst giebt es Begriffe, die keinen sicheren Anfangspunkt ihrer Geltung haben, wie die kollektiven: 'Menge' 'Haufen' 'Kahlkopf', dann andere, einander entgegengesetzte, zwischen denen ein Indifferenzpunkt ist, wie 'kalt' und 'warm' und dergl. Bei diesen allen fehlt der Grenzpunkt, wo die Gültigkeit des Begriffes beginnt, bei den letzteren auch der, wo sie in den entgegengesetzten Begriff übergehen. Man weiß nicht, wo Wärme aufhört, Kälte anfängt, man weiß nur, nach welcher Richtung der Reihe hin überall die Kälte abnimmt, die Wärme zunimmt und umgekehrt.

Eine andere große Menge von Begriffen ist in der lebendigen Bildung der Sprache so entstanden, daß man bei der Vergleichung des Einzelnen **mehrere** von einander **unabhängige Gesichtspunkte zugleich** festhielt. Daher gehören zwar diejenigen Arten, die nach allen diesen Gesichtspunkten zugleich unter den gewonnenen Begriff fallen, ganz zweifellos unter denselben. Dagegen andere Arten scheinen um der einen Rücksicht willen zwar unter ihn zu fallen, um der anderen willen dagegen aus ihm auszuschließen. Hier bleibt gar nichts übrig, als daß man **für den genauen Gebrauch der Wissenschaft** den Umfang des Begriffes und folglich die Bedeutung seines Namens zweckmäßig, aber **willkürlich** festsetzt und nicht zu viel Mühe daran verschwendet, mit dem Sprachgebrauch in Übereinstimmung zu bleiben. Der Begriff der 'Krankheit' z. B. umfaßt einerseits jede Abweichung vom Normalzustand, anderseits bedeutet er einen Zustand, der einen veränderlichen Verlauf, drittens einen solchen, der Gefahr hat. Ebenso der Begriff des 'Verbrechens' nimmt gleichzeitig Rücksicht auf den bösen Willen, die Ausführung, die Größe des Schadens ꝛc.

§ 67.

In Bezug auf den Wert, den wir der festen Abgrenzung der Begriffe gegen einander zuschreiben, wird unser gewöhnlicher Gedankengang bald durch ein Prinzip **logischer Pedanterie**, bald durch eines des **logischen Leichtsinns** beherrscht.

Die erste hält jeden Unterschied von Begriffen für unübersteiglich (die bekannte Redensart: 'das ist etwas ganz Anderes'), der andere sieht jeden Unterschied für flüssig an und lehrt **jeden Begriff durch Mittelstufen in jeden** einigermaßen verwandten dadurch verwandeln, daß er die Größe einzelner Merkmale beliebig verändert, manche (zu dem neuen Allgemeinbegriff nötige, in dem gegebenen Begriffe fehlende) als vorhanden, aber im Nullwert, andere (vorhandene, aber zu dem neuen Allgemeinbegriff **nicht** gehörige) als solche betrachtet, die man auch in diesen einsetzen müsse und die nur in etwelchen Arten desselben bloß im Nullwert vorzukommen pflegten.

Alle diese logischen Umformungen haben ihr berechtigtes Gebiet in der Kunst, wo sie dem Witze dienen, und werden im Leben am häufigsten bei Entschuldigungen benutzt, wo man über den Wert einer Handlung dadurch täuschen will, daß man ihren Inhalt stückweis einem unschuldigen Thatbestand möglichst annähert. Auch in der Wissenschaft sind sie am rechten Ort vom größten Wert. Aber es ist allemal der Nachweis erforderlich, daß in der Natur der Sachen, deren Begriffe man so behandelt, die Möglichkeit oder die wirkliche Gewohnheit und das Streben zu solchen Übergängen liege.

§ 68.

Von jedem Gegenstand sind mancherlei Begriffe möglich, da er jedem seiner Merkmale und jeder Kombination derselben untergeordnet werden kann. Unter diesen Begriffen mag es einen bevorzugten, nämlich eben jenen konstitutiven geben, den wir früher suchten, aber nur annähernd und in wenigen Gebieten, z. B. in den Gattungsbegriffen der Naturgeschöpfe, fanden.

Das Interesse unseres Denkens verlangt indessen diesen Begriff selten, und jede Untersuchung pflegt nur gewisse einzelne Seiten eines Objektes zu betrachten, aus denen sie nach allgemeinen Gesetzen Folgerungen zieht. Es ist daher meist nur eine Weitläufigkeit, oft auch Quelle der Ungenauigkeit, wenn man für einen zu behandelnden Gegenstand mit Gewalt einen erschöpfenden, spekulativen Begriff haben will und dann, da man ihn doch meist nicht haben kann, aus einer ungenauen Approximation daran folgert. Es ist nützlicher, von einer 'partiellen Definition' auszugehen, welche nur die für die schwebende Untersuchung wichtigen Eigenschaften zu einem Allgemeinbegriff vereinigt, dann aber freilich die aus der Unterordnung des Objektes unter diesen Allgemeinbegriff fließenden Konsequenzen durch Rücksicht auf die anderen Eigentümlichkeiten des Objektes modifiziert. So hat z. B. die Medizin den 'Menschen' unter den Begriff eines aus physischen Elementen bestehenden Mechanismus, die Nationalökonomie denselben gelegentlich unter den Begriff eines produzierenden Kapitals zu bringen. Aber beide müssen ihre daraus gezogenen Folgerungen durch die Erwägung beschränken, daß dieser 'Mechanismus' oder dies 'Kapital' zugleich Vernunft und Willkür besitzt.

Eine der hauptsächlichsten Quellen der Sophistik werden diese partiellen Definitionen dann, wenn man aus ihnen Folgerungen zieht aber verabsäumt, in diesen die Modifikationen anzubringen, die um der übrigen, in der Definition nicht inbegriffenen Natur des Gegenstandes willen nötig sind. So wenig dies Verfahren wissenschaftlich erlaubt ist, so berechtigt ist seine Anwendung in Poesie und Rhetorik.

Zweites Kapitel.
Von der Beweisführung.
§ 69.

Am Urteil interessiert uns praktisch seine Wahrheit. Der einfachere Fall ist nun, daß uns ein Satz mit bestimmtem Inhalt gegeben und sein Beweis verlangt wird, der schwerere Fall, daß die Erfindung eines noch unbekannten Satzes gefordert wird.

Alle Beweisführung nun, zu der wir uns jetzt wenden, muß mit dem Nachweis der Gültigkeit des gegebenen Satzes beginnen. Findet sich nämlich durch eine Probe, die man mit ihm an der Erfahrung oder an einzelnen Beispielen macht, daß er überhaupt gar nicht gilt, so ist jede Mühe der Beweisführung verschwendet. Dies wird nicht immer genug beachtet und zahllose Weitläufigkeiten entstehen in der Wissenschaft wie im Leben aus dem Versuch, Thatsachen zu erklären, d. h. als notwendig zu beweisen, die gar nicht existieren.

Erst wenn die Gültigkeit des Satzes feststeht, beginnt die Beweisführung seiner Richtigkeit, d. h. der Nachweis, daß er als

Konsequenz anderer Wahrheiten und Thatsachen ein Recht hat, zu gelten.

§ 70.

Es ist an sich verständlich, daß alle Beweisführung irgend eine Anzahl von Sätzen voraussetzt, die nicht wieder eines Beweises bedürftig und auch keines solchen fähig sind.

Man begreift sie gewöhnlich unter dem Namen der Axiome. Im Grunde zerfallen sie aber in zwei Klassen: die eine begreift assertorische Urteile, welche gewisse Urthatsachen der Wirklichkeit aussprechen, sämtlich aus der Erfahrung entlehnt sind und nur den obigen Beweis ihrer Gültigkeit zulassen. Die andere begreift die ebenfalls unbeweisbaren Grundregeln der Folgerung, nach denen überhaupt aus irgend einer Thatsache oder Wahrheit eine andere geschlossen werden kann; und dieses sind eigentlich hypothetische allgemeine Urteile, die nicht sagen, was ist, sondern bloß, was sein muß, wenn etwas Anderes ist.

Ein Kriterium dafür, daß ein Satz ein Axiom der letzten Art sei, liegt nur in der unbedingten Evidenz, mit der er sich im Bewußtsein als notwendig gültig ankündigt. Da jedoch aus mancherlei Gründen irrige Vorurteile in unserm Gemüt diese Evidenz widerrechtlich auch erlangen können, so ist es notwendig, die Wahrheit des fraglichen Satzes nicht bloß an seiner eignen Evidenz, sondern auch an der Unmöglichkeit seines kontradiktorischen Gegenteils zu prüfen. Ist die letztere nicht nachweisbar, so steht die axiomatische, unbedingte Geltung des gegebenen Satzes nicht außer Zweifel.

§ 71.

Die Beweise unterscheiden sich nach ihrem nächsten Ziel in direkte, die unmittelbar den gegebenen Satz, und in indirekte (apagogische), die zunächst die Unmöglichkeit seines Gegenteils beweisen. Nur die erste Art kann zugleich erklärend den Rechtsgrund für die Wahrheit des Satzes angeben, die zweite beweist immer nur seine Gültigkeit. An überzeugender Kraft aber ist die erste der zweiten durchaus nicht immer überlegen.

Der direkte, wie der apagogische Beweis wird dabei stets **entweder** 'a principio ad principiatum', von Gründen zu Folgen (**progressiv**, rechtläufig), **oder** 'a principiato ad principium', von Folgen zu Gründen (**regressiv**, rückläufig) sich bewegen.

Die verschiedenen hieraus entspringenden Beweisformen haben sehr verschiedenen Wert, teils überhaupt, teils verschieden nach den Gebieten des Inhalts, auf welchen sie angewandt werden.

§ 72.

Der direkte Beweis kann **progressiv** (also so, daß das Denken den **nämlichen** Weg, von Gründen zu Folgen, nimmt wie die Natur der Sache) in **zwei** Formen geführt werden:

1) Man betrachtet den gegebenen Satz als Endpunkt eines Schlusses, beginnt daher von allgemeineren, bereits feststehenden Wahrheiten und leitet aus ihnen durch Unterordnung anderer, allgemeiner oder specieller Untersätze die gegebene Thesis als notwendigen Schlußsatz her. Diese Form ist unter allen die vorzüglichste, weil sie zugleich die vollständige **Erklärung** der Thesis enthält oder enthalten kann. Man kann

2) die Thesis als **Ausgangspunkt** ansehen und, indem man sie als gültig betrachtet, ihre **Folgen** entwickeln. Streiten diese weder mit allgemeinen Wahrheiten, noch mit feststehenden Thatsachen, so ist die Gültigkeit der Thesis zwar nicht gewiß, aber **wahrscheinlich**. Denn da man nicht **alle** Folgen entwickeln kann, so bleibt möglich, daß, wenn man noch weiter ginge, ein Widerspruch sich noch zeigen würde. Als Beweis der **Wahrheit** ist daher diese Form nicht stringent. Dagegen kommt sie im **praktischen** Leben zur Empfehlung von Vorschlägen als Beweis ihrer Zweckmäßigkeit vor. —

Regressiv, von Folgen zu Gründen aufsteigend, kann der direkte Beweis **auch** in **zwei** Formen verlaufen. Es wird nämlich

1) die gegebene Thesis als Ausgangspunkt, also hier als Folge angesehen, von der man zu ihren Gründen aufsteigt. Sind nun die Gründe, die gelten müssen, wenn die Thesis gelten soll, in durchgängiger Übereinstimmung mit allgemeinen Wahrheiten, so ist dadurch zunächst nur die Denkbarkeit oder Möglichkeit der Thesis bewiesen, und nur in Gebieten, wo (wie in der Mathematik) alles, was denkbar ist, eo ipso die Wahrheit hat, die hier vorkommt, schließt dieser Beweis die Wahrheit der Thesis ein. In Bezug auf alles Wirkliche wäre der Nebenbeweis notwendig, daß auch die Ursachen vorhanden seien, welche die an sich mögliche Thesis verwirklichen müssen. Im praktischen Leben dagegen ist diese Beweisform völlig ausreichend, um z. B. Rechtsansprüche zu begründen oder zu verteidigen. Es kann endlich

2) die Thesis wieder als Endpunkt, also hier als Grund angesehen werden. Dann beginnt man von irgend welchen andern Sätzen oder Thatsachen, die als gültig bekannt sind, und zeigt, daß sie den einzigen Grund ihrer Möglichkeit in der Gültigkeit der Thesis finden, die dadurch notwendig wird. Dieser Beweis ist also schlußkräftig, ist aber schwer zu führen, und braucht oft Nebenbeweise, um zu zeigen, daß die Thesis nicht bloß ein zureichender, sondern der ausschließlich mögliche, einzige Grund jener Thatsachen sei.

§ 73.

Der indirekte Beweis kann eigentlich die Ungültigkeit des Gegenteils der gegebenen Thesis, d. h. der Antithesis gar nicht unmittelbar beweisen; oder allgemeiner: die Widerlegung eines Satzes kann niemals der unmittelbare Schlußsatz eines Beweises sein. Denn aus allen Prinzipien, die man zum Beweisgrunde wählen könnte, folgen immer bloß positive, d. h. gültige Folgerungen (die übrigens in affirmativen und negativen Urteilen bestehen können), und nur deswegen, weil diese Folgerungen die Antithesis ausschließen, ist diese für ungültig erklärt.

Daher kann die erste progressive Form, welche von allgemeinen Wahrheiten ausgehend die Antithesis als unmöglich darstellte, nicht vorkommen. Was so aussieht, ist immer ein **direkter progressiver Beweis**, der die Notwendigkeit eines Satzes darthut, durch den die Antithesis ausgeschlossen wird.

Die **zweite progressive Form** dagegen, die von der Antithesis, welche man als **wahr** supponiert, zu ihren Folgen, und die **erste regressive**, die von derselben zu ihren Voraussetzungen übergeht, sind beide als **apagogische** Beweise ('Deductiones ad absurdum') von großem Wert. Sie beweisen die Ungültigkeit des angenommenen Satzes daraus, daß entweder die Folgen, die aus ihm fließen würden, oder die Gründe, die gelten müßten, wenn er gelten sollte, mit allgemeinen Wahrheiten oder bestehenden Thatsachen unvereinbar sind. Obgleich sie nun die **Gründe der Gültigkeit der Thesis**, deren Antithesis sie als unmöglich nachweisen, gar nicht enthalten, so sind sie dennoch oft langen, unübersichtlichen direkten Beweisen wegen der **Anschaulichkeit** vorzuziehen, mit der sie die Absurdität jedes der Thesis entgegengesetzten Satzes aufzeigen.

Die **zweite regressive Form** würde von Thatsachen auf die Unmöglichkeit zurückschließen, dieselben durch die Antithesis als Grund zu erklären, was offenbar nur angeht, wenn man erst positiv die notwendigen Eigenschaften eines solchen Grundes bestimmt und dann zeigt, daß dadurch die Antithesis ausgeschlossen sei.

§ 74.

Außer den erwähnten Unterschieden macht es einen weiteren, ob ein allgemeiner Satz (z. B. über das Dreieck) unmittelbar in seiner Allgemeinheit oder so bewiesen wird, daß man ihn erst für alle einzelne Fälle (erst für das rechtwinklige, dann für das spitzwinklige, endlich für das stumpfwinklige Dreieck) beweist und dann die Beweise summiert. Dieser **Kollektivbeweis** erfordert, daß man alle möglichen Einzelfälle, die der allgemeine Fall enthalten kann, aufzuzählen im stande ist, und hat dann immer noch den Nachteil, daß er nur die **faktische** Gültigkeit des bewiesenen

Satzes für alle Beispiele des Allgemeinen feststellt, aber weder beweist noch erklärt, wie. diese Geltung aus der eignen Natur des Allgemeinen folgt. Gleichwohl ist er oft ganz unentbehrlich, weil die Natur eines Begriffs oder irgend eines allgemeinen Falles oft nicht soweit bekannt ist, daß wir die in ihr enthaltenen Gründe für die allgemeine Gültigkeit einer Behauptung über ihn erkennen könnten.

Verwandt mit diesem ist der Beweis durch Ausschließung, welcher ebenfalls, in einer vollständigen Disjunktion, sämtliche denkbare Einzelfälle eines allgemeinen Falls aufzählt und von allen übrigen, außer einem, beweist, daß sie unmöglich sind, sodaß, falls überhaupt feststeht, daß irgend eine Art des allgemeinen Falles stattfinden muß, dann diese übrig gebliebene notwendig gültig ist.

Endlich gehört hierher noch die Eingrenzung eines gegebenen Wertes zwischen zwei Grenzen, z. B. der Beweis, daß a weder größer noch kleiner als b, mithin gleich b sei.

§ 75.

Bei allen erwähnten Beweisformen haben wir angenommen, daß sie im Ganzen nach der ersten Figur, d. h. durch Subsumption eines Satzes unter den andern, schließen. Von den Beweisen durch Analogie und Induktion später.

Dies nun vorausgesetzt, kann man fragen, wie man Beweise erfindet, d. h. die Obersätze, von denen die Gültigkeit des gegebenen Satzes abhängt, sowie die Untersätze oder Hülfskonstruktionen errät, durch deren Vermittlung sie aus jenen fließen.

Im Ganzen kann die Logik nicht 'erfinden' lehren, sondern nur darauf verweisen, daß in jeder Wissenschaft sich für die einzelnen Gruppen verwandter Probleme stereotype Beweismethoden entwickeln, welche Jeden, der ein Problem unter seine Gruppe einzuordnen versteht, auf den richtigen Weg bringen. Außerdem ist nur die eine Andeutung möglich, daß der Grund der Wahrheit eines Satzes, der nicht bloß eine Thatsache, sondern ein von andern Wahrheiten abhängiges Verhalten ausdrückt, allemal in dem vollständig gedachten Inhalt des Satzes selbst enthalten sein muß. Es kann nicht synthetische Urteile in der Art geben, daß zu dem Subjekt S ein Prädikat P gefügt würde, welches in dem vollständigen Begriff des S nicht enthalten oder begründet wäre. Ein solches wäre falsch. Alle richtigen Urteile sind ihrem Inhalte nach analytisch, oder vielmehr identisch und erscheinen bloß in ihrer Form synthetisch, da ein und derselbe Inhalt im Subjekt und Prädikat von sehr verschiedenen, willkürlich gewählten Gesichtspunkten aus bezeichnet werden kann. — Um daher den Beweisgrund für die Richtigkeit eines Satzes zu finden, analysiere man Subjekt und Prädikat und die Verbindung zwischen beiden, füge alle verschwiegenen Nebengedanken, die dabei gemeint worden sind, hinzu: so wird man in diesem vollständigen Inhalte des Satzes meistens auch seinen Beweis von selbst sehen.

Vorteil gewährt es häufig, das Subjekt der Thesis oder den Vordersatz, an den diese eine Folge knüpft, als noch nicht gültig zu betrachten, und sie aus einem andern Subjekt oder einem andern Vordersatz, dessen Prädikat oder Nachsatz schon fest steht, erst entstehen zu lassen, wobei sich leichter zeigt, wie durch die Veränderungen dieses andern Subjekts in das gegebene auch das gegebene Prädikat aus diesem andern entsteht. Wenn die verschiedenen Fälle eines Allgemeinen eine Reihe bilden, wie häufig in der Mathematik, tritt dieser Beweis als 'Beweis von n zu $(n+1)$' dergestalt auf, daß man erstens die gegebene Thesis für irgend einen speciellen Fall oder Wert von n verifiziert, und dann zeigt, daß bei der Bildung jedes nächsten Falles $(n+1)$ aus dem Fall n allemal die Bedingungen, um deren willen der Satz von n galt, sich entweder unverändert erhalten oder wiedererzeugen oder äquivalente Bedingungen an ihre Stelle treten.

§ 76.

Die Fehler im Beweise, welche leider die Logik nur nennen, nicht vermeiden lehren kann, sind namentlich folgende:

'Petitio principii' oder 'Zirkel im Beweis' (Diallele) begeht man, wenn man als Beweisgrund entweder nur einen andern Ausdruck oder eine Konsequenz des Schlußsatzes benutzt, den man erst beweisen will.

'Fallacia falsi medii' (Quaternio terminorum) besteht in dem Fehler, in einem der den Beweis ausmachenden Schlüsse den Medius terminus in beiden Prämissen in verschiedener Bedeutung zu nehmen. Hierzu liegt die Verleitung sehr nahe bei abstrakten Begriffen, deren Bedeutung etwas Schwankendes hat, und bei solchen empirischen Begriffen, die (wie früher erwähnt) nach verschiedenen Gesichtspunkten zugleich durch Abstraktion gebildet sind.

Hierauf zurückführen ließe sich die 'Fallacia de Dicto simpliciter ad Dictum secundum quid', d. h. der Fehler, einen Satz, der an sich allgemein und schlechthin gültig ist, auf bestimmte Umstände anzuwenden, ohne ihn so zu beschränken und zu modifizieren, wie es diese Umstände verlangen. Dieser Fehler ist im Leben das Prinzip des Doktrinarismus und des unpraktischen Idealismus, der 'Prinzipienreiterei'. — Umgekehrt dehnt die 'Fallacia de Dicto secundum quid ad Dictum simpliciter' einen im gegebenen Fall gültigen Satz auf alle Fälle aus, auch auf die, in welchen die Bedingungen fehlen, die seine Gültigkeit begründen oder empfehlen. Dies ist im praktischen Leben das Prinzip der Pedanterie und Philisterosität.

'Nimium probare' und deswegen nihil probare ist der Fehler, die Geltung eines Satzes nachzuweisen nicht bloß für die Subjekte und Fälle, für welche er gilt, sondern auch für andere, für die er thatsächlich nicht gilt oder nicht gelten soll. Der Fehler rührt her von der Wahl eines falschen Beweisgrundes oder davon, daß ein sonst richtiger Beweisgrund nicht auf diejenigen seiner Unterarten beschränkt worden ist, welche allein den Grund für die Geltung des Satzes vollständig enthalten. — 'Parum probare' ist an sich nur ein methodischer Fehler, weil das, was bewiesen ist, richtig ist. Er wird zum logischen Fehler bloß, wenn man die erwiesene Geltung des Satzes, für eine Anzahl von Fällen, zugleich als Negation seiner Geltung in den anderen faßt, von denen er in der That auch gilt.

'Hysteronproteron' (ὕστερον πρότερον), im Unterschied von Petitio principii, ist das methodische Ungeschick, von zwei Sätzen A und B, die sich wechselweis auseinander herleiten lassen, denjenigen zum Beweisgrund zu machen, der sich bequemer als Folge des andern darstellen ließe.

Endlich 'Heterozetesis' (ἑτέρου ζήτησις) oder 'Ignoratio elenchi' ist die völlige Verirrung des Beweises, bei einem Schlußsatz anzulangen, der gar nicht bewiesen werden soll.

§ 77.

Man unterscheidet endlich 'Paralogismen' ('Fehlschlüsse') als unbeabsichtigte Beweisfehler von 'Sophismen' ('Trugschlüssen'), d. h. absichtlich so kombinierten Gedanken, daß aus ihnen formell richtig entweder ganz Absurdes und Falsches entspringt, oder entgegengesetzte Behauptungen gleich richtig daraus fließen. Der erste Fall beruht immer wieder darauf, daß man einen der gewöhnlichen Beweisfehler hier absichtlich begeht. Der andere, die namentlich im Altertum berühmten sogenannten 'Dilemmen' ('der Lügner', 'das Krokodil' ꝛc., vergl. § 46 am Ende) entstehen dadurch, daß man den Inhalt eines Urteils A, der logisch genommen durch sich selbst richtig oder unrichtig sein muß (ohne alle Rücksicht auf die Umstände, unter denen er ausgesprochen wird, oder auf noch nicht feststehende Thatsachen), dennoch als in seinem Sinne oder in seiner Gültigkeit bedingt auffaßt durch eben jene Umstände ('der Lügner') oder durch diese noch nicht feststehenden Thatsachen ('das Krokodil').

Ueber Paralogismen und Sophismen, insbesondere die im Altertum bewunderten und produzierten, vergl. Plato, Euthydemos; Aristoteles, De sophisticis elenchis; C. Prantl, Geschichte der Logik im Abendl. Bd. I, Lpz. 1855, S. 20 ff. 41 ff. 487 ff. — C. F. Bachmann, System der Logik, Lpz. 1828, S. 496—517; B. Bolzano, Wissenschaftslehre, Sulzbach 1837, Bd. III S. 462 ff. 475 ff., Bd. IV S. 296 ff.; M. W. Drobisch, Neue Darstellung der

Logik, 4. Aufl., Lpz. 1875, S. 155ff. 118f. 130f.; J. F. Fries, System der Logik, 3. Aufl., Heidelberg 1837, S. 349—65; J. H. Loewe, Lehrbuch der Logik, Wien 1881, S. 226—251.

Drittes Kapitel.
Von dem erfindenden Gedankengang.

§ 78.

Die früher (§ 69) erwähnte zweite Aufgabe, einen gültigen Satz zu erfinden, zerfällt wieder in mehrere, von denen die erste die Auffindung eines allgemeinen Urteils ist, das eine Anzahl einzelner Thatsachen umfaßt, und zwar entweder so, daß derselbe Inhalt, den eine einzelne Thatsache ausspricht, allgemein für alle Wiederholungsfälle als gültig bewiesen, oder so, daß ein allgemeinerer Satz gesucht wird, der alle gegebenen Thatsachen als Arten in sich faßt.

§ 79.

Der erste Fall giebt uns nur Gelegenheit zu bemerken, daß man nicht mit Recht behauptet, 'Erfahrung lehre nichts Allgemeines', und 'was in dem einen Fall richtig sei, brauche es nicht im andern zu sein'. Aus dem Gesetze der Identität folgt nämlich ganz im Gegenteil, daß eine Wahrheit, die ein Mal gilt, ein zweites Mal nicht ungültig sein kann, daß daher jede einzelne Erfahrung ein Mal für immer gilt, d. h. für alle Wiederholungsfälle desselben Subjekts allemal auch dasselbe Prädikat wieder gültig wird.

Das Schwierige ist nur, in praxi zu bestimmen, ob ein zweiter Fall das beobachtete Subjekt des ersten wirklich genau wiederholt. Hierfür sind auf verschiedenen Gebieten die Wahrscheinlichkeiten verschieden. Dem Chemiker z. B. genügt es, wenn er einmal weiß, daß er ein reines Element vor sich hat, ein einziges Mal seine Reaktion gegen ein anderes zu beobachten, um sie für immer festzustellen. Der Zoolog dagegen wird irgend eine Eigentümlichkeit eines nur in einem Exemplar entdeckten neuen Tieres (weil hier Krankheit und Mißbildung möglich) nur dann für 'normal',

d. h. allgemein gültig halten, wenn ihn Analogien anderer Tierklassen zu dieser Annahme berechtigen.

§ 80.

Die zweite Aufgabe wäre die, aus Einzelwahrnehmungen, welche, wie früher schon erwähnt, die Form: P ist M, Q ist M, R ist M ec. tragen, ein allgemeines Urteil der Form 'Alle S sind M' abzuleiten, d. h. der schon früher erwähnte **einfache Schluß durch unvollständige Induktion**.

In der reinen Logik wurde gezeigt, daß dieser Schluß der Induktion zur **Erweiterung** der Erkenntnis nur dient, wenn er **unvollständig** ist, d. h. ohne strenge Schlußkraft daraus, daß **einige** Arten von S das Prädikat M haben, folgert, daß **alle** Arten von S es besitzen. — Die Vorsichtsmaßregeln, die damals verlangt wurden, um den Schluß mindestens **möglichst wahrscheinlich** zu machen, sind einfach folgende.

Mit der steigenden Anzahl der Fälle, in denen M an Arten von S vorkommt, wächst **an sich** die Wahrscheinlichkeit, daß es **allen** S gehöre. Indessen ist **jeder menschliche Erfahrungskreis beschränkt**, und wir können wenigstens von demjenigen, was wir nur durch Erfahrung kennen lernen, niemals **sicher** sein, ob wir nicht immer bloß einzelne untereinander nahe verwandte Arten desselben zu Gesicht bekommen, welche dann freilich alle das M besitzen, aber nicht vermöge ihres Allgemeinbegriffs, sondern wegen ihrer **anderen** übereinstimmenden, **besonderen Merkmale**. Deshalb ist es nötig, zu zeigen, daß das M, welches man **allgemein** dem Begriff S zuschreiben will, nicht bloß bei sehr mannigfaltigen und vielfach verschiedenen Arten des S, sondern auch bei **solchen Paaren** von Arten ganz gleichartig vorkomme, die in Bezug auf irgend ein Merkmal, dem man einigen Einfluß auf die Begründung von M zutrauen könnte, sich **möglichst entgegengesetzt** verhalten, sodaß also dann der Grund für M oder das Subjekt, dem M zukommt, nur noch der allen Arten gemeinsame Gattungsbegriff S sein kann.

§ 81.

Viel wichtiger wird uns dieselbe Aufgabe in einer anderen Form. Es nützt uns nämlich nur selten viel, zu zeigen, daß ein P mit einem allgemeinen Gattungsbegriff S verbunden ist und allen Arten von S zukommt. In der Regel wollen wir noch weiter wissen, um welches **Grundes** willen P dem S zukommt. Dies führt, allgemeiner ausgedrückt, zu der Aufgabe, die **Bedingungen aufzusuchen**, von denen in allen übrigens verschiedenen Wiederholungsfällen das Auftreten eines Ereignisses abhängt.

Gegeben ist uns in der Erfahrung fast stets ein Komplex vielfacher Thatsachen $a + b + c + \cdots = U$, mit dem ein anderer ebenso zusammengesetzter Komplex $\alpha + \beta + \gamma + \cdots = W$ in Verbindung steht. **Die Aufgabe ist: zu ermitteln, ob überhaupt U die Bedingung von W ist, und welcher einzelne Teil von U welchen einzelnen Teil von W bedingt.**

Die Hülfsmittel der Untersuchung sind entweder die Thatsachen, welche die Beobachtung **freiwillig** liefert, oder zugleich die anderen, die wir **experimentierend** hinzufügen.

Die **Beobachtung** zeigt uns meistens Wirkungen, die von vielen Bedingungen zugleich abhängen, von denen überdies manche sich der Beobachtung ganz entziehen. Der Hauptzweck des **Experimentes** besteht darin, nicht nur die Thatsachen überhaupt zu vermehren, sondern in jedem einzelnen Versuch nur eine bestimmte, genau bekannte Anzahl von Bedingungen zur Wirksamkeit zuzulassen, womöglich ferner diese Bedingungen so zu sondern, daß in jedem Versuch nur eine wirksam ist und ihr reines Resultat giebt, oder daß wenigstens in jedem Versuch nur eine geringe Anzahl Bedingungen zusammenwirken, mithin durch Vergleichung der Versuche auf dem Wege der Elimination sich der Anteil jeder einzelnen Bedingung an dem Gesamtresultat bestimmen läßt. Endlich, worüber später, sucht das Experiment noch besonders die **Meßbarkeit** der Größen der Bedingungen und der Erfolge zu sichern.

§ 82.

Nur als Beispiele der Untersuchung dienen folgende allgemeine Fälle:

1) **Wenn auf U stets W folgt**, so ist es möglich, daß in U der Grund von W liegt, und bleibt fraglich, ob das ganze U zur Begründung von W gehört und ob nicht **außer U eine stets damit verbundene unbeobachtet bleibende andere Bedingung dazu nötig ist**. Ebenso möglich ist aber, daß U und W Koeffekte einer gemeinsamen Ursache Z sind, und endlich möglich, daß U und W durch bloße faktische Koincidenz, ohne irgend einen Kausalzusammenhang, zusammen vorkommen.

2) **Nach U fehlt zuweilen W**. Dann ist U entweder **nicht die Ursache von W**, oder U und W sind Koeffekte von (Z ± Y), so daß W eintritt, wenn Y positiv ist, und **nicht**, wenn negativ, oder U ist allerdings der zureichende, ja vielleicht sogar der einzige Grund, der W erzeugen kann, es giebt aber in den betreffenden Fällen irgend ein Hindernis, welches U abhält, seine zuständige Folge zu erzeugen.

3) **W kommt vor auch ohne U**. Dann ist entweder **kein Zusammenhang zwischen beiden**, oder beide sind wieder Koeffekte von (Z ± Y), oder endlich ist U zwar ein ganz zureichender, aber nicht der **einzige Grund von W**, sondern es giebt andere, äquivalente Gründe.

4) **U fällt weg oder wird experimentell aufgehoben und W folgt dann nicht**. Hier ist entweder, aber äußerst unwahrscheinlich (nur in der **Beobachtung**, bei experimentellem Verfahren gar nicht anzunehmen) bloße zusammenhangslose Koincidenz, oder (das Wahrscheinlichste) U ist oder **enthält die Bedingung von W**, oder endlich U und W sind Koeffekte von Z und derselbe Eingriff, der Z hinderte U zu erzeugen, hindert auch die Erzeugung von W.

5) **Wenn U vergeht oder aufgehoben wird** (experimentell), **W aber bleibt**, so ist entweder kein Nexus zwischen

ihnen, oder sie sind wieder Koeffekte von Z aber so, daß der Eingriff in Z, der U verhindert, W bestehen läßt; oder U ist zwar Entstehungs- aber nicht Erhaltungsursache von W.

Der Satz 'Cessante causa cessat effectus' ist in dieser Allgemeinheit falsch (sonst wäre ja unser ganzes Arbeiten und Wirken in der Welt illusorisch). Allgemein verschwinden mit dem Verschwinden der Ursache nur die Wirkungen, die sie ferner gehabt hätte, wenn sie nicht verschwunden wäre. Bereits erzeugte Wirkungen dauern dagegen nach dem Aufhören der Ursache fort, soweit sie in Zuständen der Dinge bestehen, die nicht in Widerspruch mit der eigenen Natur der Dinge und mit den äußeren Bedingungen sind, in denen diese stehen. Nur im entgegengesetzten Fall bedürfen sie einer unterhaltenden Ursache, die übrigens dann nicht immer dieselbe ist, wie die erzeugende.

6) Wenn ferner aus $U = (a + b + c)$ der Teil a wegfällt und W sich nicht ändert, so liegt eine Erhaltungsbedingung von W nicht in a, wohl aber vielleicht die Entstehungsbedingung. Man hat folglich womöglich zu versuchen, ob $b + c$ allein W hervorbringt, wo dann a ein überflüssiger Teil von U wäre.

Fällt dagegen mit dem Verschwinden von a das ganze W hinweg, so kann zwar a allein die hinreichende Bedingung von W sein. Aber ebenso kann diese in der ganzen Summe $(a + b + c)$ liegen, so daß W immer verschwindet, welchen Teil von U man auch aufhebt, dagegen von keinem derselben allein abhängt. Dies wird oft übersehen, z. B. wenn man physiologisch einen Gehirnteil a, nach dessen Zerstörung eine Funktion W aufhört, als einziges Organ von W betrachtet.

7) Wenn zwei verschiedene Komplexe von Ursachen $U = (a + b + c)$ und $V = (m + n + c)$ dieselbe Wirkung W hervorbringen, so wird allerdings meistens W von dem Beiden gemeinsamen c abhängen. Möglich ist aber doch, daß gerade c ganz bedeutungslos ist, dagegen $(a + b)$ und $(m + n)$ zwei äquivalente Paare von Ursachen darstellen, in denen ein und

dieselbe Bedingung für W nur verschieden an die einzelnen Elemente verteilt ist.

8) Endlich, wenn wieder (vergl. unter 6) $U = (a + b + c)$ ist, **und mit der Aufhebung von a auch W verschwindet**, so kann a die einzige Ursache von W sein, möglich aber ist auch, daß diese Ursache **allein in c** liegt, b aber ein Hindernis für die Wirksamkeit von c ist, welches seinerseits von a balanciert wurde.

Diese Möglichkeiten lassen sich ins Unendliche vermehren.

§ 83.

Die Ermittlung nun, daß irgend ein a die Bedingung irgend eines α sei, genügt unserer Erkenntnis nicht, so lange wir nicht unter einen solchen Satz andere, ihm nicht ganz gleiche, sondern nur **gleichartige** subsumieren können, d. h. so lange wir nicht wissen, nach welchem **allgemeinen Gesetz** α sich um eine bestimmte Differenz ändert, wenn a sich um eine bestimmte andere Differenz ändert.

Da nun bloß Zahlenbestimmungen, nicht aber **qualitative** Merkmale nach allgemeinen Gesetzen im Denken auseinander ableitbar sind, so wird die Aufgabe diese: das Gesetz zu suchen, nach welchem Größenwerte der Folgen von den Größen der zugehörigen Bedingungen abhängen — eine Aufgabe, die meist experimentell gelöst werden muß.

§ 84.

Findet sich nun, daß bei stetig gleichbleibender oder stetig wachsender oder stetig abnehmender Größe der Bedingung die von ihr abhängigen Folgen nicht gleichsam **parallel** ihre Werte ändern, sondern z. B. für wachsende Werte von a das α eine Zeit lang wachsende, dann aber für immer noch fort wachsendes a abnehmende Werte annimmt, so ist dies ein Beweis, daß a **allein** den vollständigen Grund von α nicht enthält, sondern daß noch andere Bedingungen mitwirken, welche entweder in Nebenbedingungen bestehen, die von a unabhängig sind, oder in Veränderungen, welche das von a leidende Objekt durch die frühere Einwirkung von a erfährt und die der weiteren Einwirkung des a bald stetig, bald periodisch Widerstand entgegensetzen.

In allen solchen Fällen liegt eine Aufforderung zu weiterer Voruntersuchung. Denn obgleich man, wie z. B. die Keplerschen Gesetze beweisen, für den Verlauf einer solchen zusammengesetzten Wirkung oft sehr einfache allgemeine Gesetze finden kann, so wird man doch nur dann das Ganze derselben völlig begreifen, wenn man es als das Resultat einer Kombination von Einzelwirkungen nachweisen kann, deren Gesetze so sind, daß dem stetigen Wachstum jeder einzelnen Bedingung auch immer ein stetiges Wachstum der ihr zugehörigen Folge entspricht. — Jene Voruntersuchung wird teils durch weitere Benutzung der vorigen Kunstgriffe geführt, teils durch Hypothesen ersetzt.

§ 85.

Wenn wir experimentell eine Reihe korrespondierender Werte der Bedingungen und Folgen gefunden haben, so nötigt uns zuweilen, z. B. bei vielen statistischen Aufgaben, die verwickelte Natur der Sache (indem immer viele von einander unabhängig sich ändernde Bedingungen zusammenwirken) dabei stehen zu bleiben, in Tabellenform das Zusammengehörige zu sammeln.

Wo es dagegen möglich ist, zu einem allgemeinen Gesetze überzugehen, welches die Abhängigkeit jedes Gliedes der Folgenreihe von dem entsprechenden der Bedingungsreihe ausdrückt, bleibt doch dieser Übergang logisch immer ein Sprung. Denn keine Messung, da sie schließlich immer auf der Schärfe der Sinneswahrnehmung beruht, giebt absolut genaue Zahlen. Stimmt daher die gefundene Reihe der Folgenwerte mit der aus einer allgemeinen Formel aus den Bedingungswerten berechneten genau überein, so ist es zwar äußerst wahrscheinlich, aber nicht gewiß, daß jene Formel das richtige Gesetz ist. Stimmt sie mit ihnen nicht, sondern muß, damit sie stimme, korrigiert werden, so ist möglich, daß eine **andere Korrektion** sie mit gleicher Leichtigkeit durch ein **anderes Gesetz** erklärbar machen würde. Fehlt indessen so die **Gewißheit**, so kann doch eine ihr ganz gleich zu schätzende Wahrscheinlichkeit für die Richtigkeit eines Gesetzes erlangt werden, und zwar hauptsächlich dadurch, daß man die gefundenen Wertreihen nach **verschiedenen Maßstäben** mißt, und die Experimente so anordnet, daß die Abhängigkeit der Folgen von den Bedingungen von verschiedenen Standpunkten aus zur Beobachtung kommt. Paßt bei allen solchen veränderten Ausdrücken der Sache dieselbe Formel, so wird sie die richtige sein.

§ 86.

Man nennt deshalb die Auffindung eines allgemeinen Gesetzes häufig **Hypothese**.

Wir brauchen diesen Namen in **beschränkterem** Sinn: Hypothesen sind Vermutungen, durch welche wir einen in der Wahrnehmung **nicht** gegebenen **Thatbestand** zu erraten suchen, von dem wir meinen, daß er in Wirklichkeit vorhanden sein **müsse**, damit das in der Wahrnehmung Gegebene möglich, d. h. aus den anerkannt höchsten Gesetzen des Zusammenhangs der Dinge begreiflich sei.

Unter den Regeln, nach denen man den Hypothesen die möglich größte Sicherheit zu geben sucht, stellt man mit Unrecht die allgemeine auf, daß **Einfachheit** ein Kriterium der Wahrheit sei. Man muß vielmehr die Natur der Fälle unterscheiden. Handelt es sich darum, durch Hypothese eine sehr allgemeine, fast **alles Wirkliche** verknüpfende Beziehung festzustellen, so wird Einfachheit das wahrscheinlich Richtige sein. Ist dagegen eine Thatsache zu erklären, die ersichtlich von sehr **vielen** zusammenwirkenden Bedingungen abhängt, so wird eine sehr einfache Hypothese über sie nur den Verdacht erwecken, daß man nicht alle Schwierigkeiten der Sache bemerkt und daher auch nicht erklärt.

Im Übrigen können keine Regeln gegeben werden, die den er-

findenden Gedankengang in der Bildung der Hypothesen **unter-
stützten**, sondern nur einige, die ihn **beschränken**.

Es ist nützlich, sich zuerst vollkommen klar zu machen, welche
Anforderungen ein hypothetisch anzunehmender Thatbestand **notwendig erfüllen muß**, um der zu erklärenden Erscheinung zu ge-
nügen. Dies läßt sich aus der Erscheinung selbst mit Notwendigkeit durch Rückschlüsse feststellen. Von diesem **abstrakten** aber
gewissen Teile der Hypothese ist ihre weitere **specielle Aus-
malung** zu unterscheiden, die den **konkreten Thatbestand** zu
erraten sucht, in welchem sich jene Anforderungen in Wirklichkeit
erfüllt vorfinden. Sehr oft sind solcher Thatbestände mehrere möglich. Die Hypothese darf nicht blindlings den wählen, der uns
zuerst **einfällt**, sondern muß sich vorher in dem ganzen Gebiete
der verwandten Erscheinungen umsehen, um zu ermitteln, welcher-
lei Thatbestände in ihm **vorzukommen pflegen**.

Hat man nun eine Hypothese mit dieser Rücksicht auf eine
größere Anzahl verwandter Erscheinungen gebildet, so geschieht es
sehr oft, daß der Fortschritt der Erfahrung neue Fakta enthält, zu
deren Erklärung die vorige Hypothese nicht ausreicht, sondern durch
neue Zusätze verändert werden muß. Dieses 'Bauen von Hypothesen auf Hypothesen' ist im Laufe der wissenschaftlichen Arbeiten
gar nicht zu vermeiden und wird deshalb mit **Unrecht** verboten.
Gewiß ist nur, daß man die Untersuchung nicht eher für **been-
digt** ansehen wird, als bis diese stückweis zusammengesetzten Hypothesen sich zuletzt wieder in eine einfache, der Einfachheit der **Sache**
entsprechende Annahme zusammenziehen lassen.

Die Regel endlich, 'keine Hypothese zu bilden, deren Inhalt
außerhalb der Grenzen eines möglichen Gegenbeweises liegt', ist zwar
vortrefflich, aber gerade auf vielen Gebieten, wo wir Hypothesen am
meisten bedürfen, nicht ausführbar.

§ 87.

Hypothesen sind Vermutungen, durch die wir einen wirklichen Thatbestand zu erraten glauben. Fiktionen sind An-

nahmen, die wir mit dem Bewußtsein ihrer Unrichtigkeit machen.

Wir sind zu Fiktionen genötigt, wenn z. B. im **praktischen Leben** über einen Fall geurteilt werden muß, der **genau unter keine einzige** bekannte Rechtsregel fällt; wir müssen ihn dann so umdeuten, daß er unter diejenige Regel subsumiert werden kann, welche über einen dem seinigen **am nächsten verwandten Inhalt** erkennt.

Wir sind ferner zu Fiktionen genötigt, wenn es in der **Wissenschaft** Verfahrungsweisen nicht giebt, die sich **direkt** auf die Data eines gegebenen Problems anwenden ließen. So werden z. B. **krumme Linien als gebrochene gerade** angesehen, was sie niemals sind, und danach berechnet.

In beiden Fällen ist es natürlich notwendig die Konsequenzen, welche aus dem durch die Fiktion **angenommenen** allgemeinen Beurteilungsgrunde fließen, durch Rücksicht darauf zu **korrigieren**, daß das Gegebene ihm nicht **genau** subordiniert ist. Und unter dieser Voraussetzung führen, z. B. in der **Mathematik**, die Fiktionen wieder zu **genauen** Resultaten, nicht bloß zu Approximationen.

Endlich werden Fiktionen sehr häufig **nebenbei**, als **Mittel der Verdeutlichung** benutzt, um verwickelte Verhältnisse, die an irgend einem Falle a aus häufiger Wahrnehmung deutlich sind, auf einen Fall b überzutragen, der zwar nicht **ganz dieselben**, aber im Wesentlichen **ähnliche** Verhältnisse besitzt.

§ 88.

Die Fiktionen führen von selbst zu dem Verfahren der **Analogie** über, welche zwar nicht einen Satz auf ein Subjekt ausdehnen will, welches ihm **sicher** nicht subsumierbar ist, aber doch auch einen Satz von einem Subjekt auf ein anderes, wegen der **Ähnlichkeit** beider, überträgt.

Dies Verfahren beruht auf dem vollkommen strengen Grundsatz, daß Gleiches unter gleichen Bedingungen gleiche, unter ungleichen ungleiche, sowie Ungleiches unter gleichen Bedingungen ebenfalls ungleiche Prädikate annehmen muß. Aber die erste Hälfte des Satzes nützt nichts zur Erweiterung der Erkenntnis, die andere nur wenig, weil sie kein positives Resultat giebt, sondern nur lehrt, daß die Prädikate **nicht gleich** sind. **Fruchtbar** sind daher diese Grundsätze eigentlich nur in der **Mathematik**, wo es möglich ist, den **Grad** der Ungleichheit der Subjekte und den der Bedingungen zu bestimmen, folglich auch die Ungleichheit der Prädikate auf ein bestimmtes Maß zu bringen und ihnen positiven Inhalt zu geben.

Außerhalb der Mathematik wird der Grundsatz, daß **Ähnliches** unter gleichen Bedingungen **ähnliche** Prädikate annehme, zwar immer noch in abstracto richtig sein, aber es wird schwer sein, und doch alles darauf ankommen, daß man herausbekommt, welche Gruppe von Merkmalen (x + y) in A vorhanden ist als Ursache davon, daß dem A das Prädikat P zukommt. Denn wenn P von A auf ein B um der Ähnlichkeit beider Subjekte willen übergetragen werden soll, so muß B dem A in Bezug auf (x + y) gleich oder ähnlich sein, d. h. diese Merkmalgruppe mit A gemeinsam haben, wogegen alle andere Ähnlichkeit des A und B zu gar nichts hilft.

Daß nun (x + y) die Bedingung von P sei, kann man teils anderswoher beweisen — und dann ist es kein Schluß der Analogie mehr, wenn man P dem Subjekt B zuschreibt, sondern eine **direkte Folgerung**. Kann man jenen Beweis **nicht** führen, so muß man soviel als möglich verschiedene Subjekte vergleichen und zeigen, daß alle ihre sonstigen Ähnlichkeiten das gemeinsame Prädikat P **nicht** erzeugen, wenn nicht auch (x + y) ein gemeinsamer Bestandteil aller Subjekte ist, und daß anderseits alle sonstige Verschiedenheit der Merkmale die Gemeinsamkeit des P nicht aufhebt, so lange (x + y) allen Subjekten gemeinsam bleibt. Hieraus schließt man nun endlich, mit einem hinlänglichen Wahrscheinlichkeitsgrade, daß das Prädikat P allen Subjekten zukommen werde, bei denen sich $(x + y)$ findet. —

§ 89.

Die andere Art Aufgaben (§ 78) ist die: die Wirklichkeit einer **einzelnen Thatsache** zu erweisen.

Drei verschiedene Ausgangspunkte lassen sich dafür finden. Wir haben nämlich **gegebene** Thatsachen vor uns, die wir entweder als Ursachen, oder als Folgen, oder als begleitende Anzeichen der **fraglichen** Thatsache fassen können.

Auf keinem dieser Wege ist ein strenger Beweis möglich. Denn wenn das Gegebene auch immer die **vollständige Ursache** des zu Beweisenden enthält, so kann doch, da es sich hier nicht um gültige Wahrheiten, sondern um **wirkliche Ereignisse** handelt, diese Ursache durch Gegenkräfte an der Erzeugung ihrer Wirkung gehindert worden sein. Kann aber das Gegebene als **Folge** aus dem zu Beweisenden erklärt werden, so ist doch niemals mit Strenge beweisbar, daß es nicht für dasselbe Gegebene auch äquivalente andere Ursachen geben könnte. Daß endlich die bloße **gegenseitige Begleitung** zweier Thatsachen, weil sie **gewöhnlich** vorkommt, keinen **sichern** Schluß von der einen auf die andere gestattet, versteht sich von selbst.

§ 90.

Die allgemeinen Grundsätze, nach denen man diesem 'Indicienbeweis' so viel als möglich Wahrscheinlichkeit zu geben sucht, beruhen auf folgenden allgemeinen Ansichten.

In der Wirklichkeit laufen beständig eine Menge verschiedener Kausalketten, die nicht von Einem Prinzip ausgehen, **neben einander** ab. Es ist nun **nicht** wahrscheinlich, daß irgend eine von ihnen, ohne alle Störung durch die andern, die ihr in abstracto zugehörige Wirkung ganz und ohne Abzug hervorbringe. Deshalb erscheinen uns **praktisch** weit ausgesponnene Pläne thöricht, die nicht auf 'Zufälle' Rücksicht nehmen, **künstlerisch** und **historisch** alle Darstellungen unwahrscheinlich, welche eine Intrigue in **allen** ihren Folgen gelingen oder ein wichtiges Faktum auf Jahrhunderte hinaus alle seine theoretisch richtigen Folgen ausüben lassen.

Es ist anderseits aber ebenso unwahrscheinlich, daß eine außerordentlich große Menge von einander unabhängiger Kausalketten sich so durchkreuzt hätten, daß sie genau einen speciellen Thatbestand hervorgebracht, der ganz so, wie er ist, aus einer einzigen anderen Ursache begreiflich ist. Daher glauben wir z. B. in der Geschichte nicht an die Wirksamkeit tausend kleiner Ursachen zur Erzeugung einer Begebenheit, die aus einer 'Richtung des Zeitgeistes' von selbst fließt. In der Medizin nicht daran, daß jedes Symptom eines Kranken seine besondere harmlose Ursache hat, sobald die Summe aller Symptome die Einheit einer 'Krankheit' darstellt, aus der sie alle begreiflich sind. Ebenso in der Jurisprudenz nicht an eine so diabolische Verkettung von tausend Kleinigkeiten, daß daraus der Anschein eines einzigen zusammenhängenden 'Verbrechens' entstand.

§ 91.

Die Wichtigkeit der einzelnen Indicien wird nach denselben Regeln wie beim induktorischen Beweis abgeschätzt, mithin die Wahrscheinlichkeit des zu erweisenden Falles auf innere, sachliche Gründe zurückgeführt.

Es giebt nun Fälle genug, wo die Wahrscheinlichkeit des Eintrittes eines Ereignisses aus sachlichen Gründen gar nicht beurteilt werden kann — entweder weil wir sie, wie bei künftigen Ereignissen, gar nicht alle kennen, oder weil es zu weitläufig sein würde, auch nur den bekannten Teil derselben wirklich abzuschätzen. Gleichwohl kann es hier notwendig sein, über Eintritt oder Nichteintritt des Ereignisses eine Meinung zu haben, um auf sie ein praktisches Verfahren zu gründen. Hier bleibt nichts übrig, als zuerst alle möglichen Fälle, für deren Eintritt ganz gleiche Gründe sprechen, als vollkommen gleich mögliche zusammen zu zählen und jedem derselben eine gleiche Wahrscheinlichkeit seines Eintretens oder (bei Aufgaben, wo es sich um vielfältige Wiederholung analoger Ereignisse handelt) dieselbe Häufigkeit des Vorkommens zuzuschreiben. Seine Wahrscheinlichkeit wird also durch eine Größe gemessen, welche die Gewißheit, daß irgend ein Fall eintreten müsse, die hier als Einheit gesetzt wird, durch die Anzahl aller mit ihm gleich möglichen Fälle dividiert.

Diese Wahrscheinlichkeit nun unterscheidet sich von der vorigen, welche auf Gründen in der Natur des einzelnen Falles beruhte, als eine solche, die eben dann vorkommt, wo es solche Gründe nicht giebt. Sie ist durchaus keine theoretische Behauptung über das, was in Zukunft wirklich eintreten wird. Denn nichts hindert, daß ihrer Berechnung zum Trotz immerfort der eine Fall eintritt und alle übrigen, gleich möglichen nicht. Sie ist vielmehr im Grunde eine praktische Maßregel, durch welche wir das Maß des vernünftigen Zutrauens zu bestimmen suchen, welches wir zu dem Eintritt eines bestimmten einzelnen unter vielen ganz gleich möglichen Ereignissen noch hegen dürfen.

§ 92.

Das rein logische Interesse bei Wahlen und Abstimmungen*) besteht nicht bloß in der Gewinnung eines Resultats, sondern auch darin, daß jedes der Einzelurteile, aus denen es gewonnen werden soll, d. h. hier: jede Meinung, Gelegenheit zu vollständigem direkten Ausspruch findet. Die praktischen Interessen dagegen und die Rücksichten, die in beiden Fällen nebenher genommen werden, stehen dem vielfach entgegen.

Vollkommen befriedigt wird das logische Interesse nur bei einer direkten Wahl, die sich nur auf ein Wahlobjekt bezieht, mit Ja und Nein erfolgt, und daher der Negation einen reinen Ausdruck möglich macht. Alle andere Wahlen, die auf mehrere Wahlobjekte zugleich gerichtet sind, bloß mit positiven Stimmen erfolgen, also die Negation des einen Objekts nur durch Affirmation eines andern zum Ausdruck kommen lassen, sind logisch mangelhaft.

---

*) Vergl. A. Trendelenburg, Über die Methode bei Abstimmungen, Berlin 1850 [wieder abgedr. in s. 'Kleinen Schriften', Lpz. 1871, Bd. 2 S. 24 ff.].

Denn sie ergeben zwar durch Majorität ein Resultat. Es bleibt aber möglich, daß ein anderes Resultat die Gesamtheit der Abstimmenden gleichförmiger befriedigt hätte, weil das wirklich gewonnene zwar der Majorität noch lieber, dagegen der Minorität entschieden unangenehm ist, während jenes andere vielleicht der Majorität kaum weniger angenehm, der Minorität dagegen allein annehmbar wäre. Es kommt auf die Natur des Verhältnisses an, welches die Wahl veranlaßt, ob die entschiedenste Befriedigung der Majorität oder eine weniger vollkommene, aber gleichmäßigere der Gesamtheit vorzuziehen ist.

Rein logisch versteht es sich auch ganz von selbst, daß die in einer gewissen Sache Stimmberechtigten alle gemeinsam (zu einer Versammlung vereint) stimmen und nur eine einzige entscheidende Majorität bilden. Aus praktischen Gründen sind sie aber häufig in eine Mehrheit besonders verhandelnder Gruppen geteilt und die Feststellung des definitiven Wahlresultats erfolgt auf Grund der in den einzelnen Gruppen hervorgetretenen Majoritäten — so, daß, wenn über einen Kandidaten mit Ja und Nein abgestimmt würde, derselbe für gewählt gilt, sobald er, falls in neun Gruppen geteilt ist, fünf Gruppen (eine jede ihrer Majorität nach) für sich hat. Man begreift leicht, daß auf diese Weise die Entscheidung durch eine Minorität der in der betreffenden Sache überhaupt Stimmberechtigten erfolgen kann: teilt man 100 Stimmen in 10 Gruppen von je 10, oder in 20 Gruppen von je 5, so erhält man im ersten Fall $6 \times 6 = 36$, im andern $11 \times 3 = 33$ als zur Entscheidung hinreichende Stimmenzahl — anstatt der 51, die ohne diese Zerteilung in Gruppen, bei vereinigter Abstimmung der 100 Stimmberechtigten, zur Majorität erforderlich sein würden. Man kann berechnen, daß unter diesen Umständen die entscheidende Stimmenzahl ziemlich bis auf ein Viertel der Gesamtzahl herabsinken kann. Und eine noch geringere reicht hin, wenn man die Anzahl der Stimmen in den einzelnen Gruppen nicht, wie wir bisher gethan, gleich sondern verschieden ansetzt.

§ 93.

Bei Abstimmungen über Gesetzvorschläge, welche ein und dasselbe Bedürfnis in verschiedenen, einander ausschließenden Formulierungen zu befriedigen suchen, stimmt der hergebrachte Gebrauch eigentlich nur in einem Punkt mit dem logischen Interesse. Wenn nämlich die abstimmende Gesamtheit principiell den allgemeinen Gedanken, der allen jenen Formulierungen zu Grunde liegt, oder das Bedürfnis selbst nicht anerkennen will, so kann das nicht ausreichend durch succesfive Negation der einzelnen Vorschläge geschehen, sondern nur durch den 'Antrag auf Tagesordnung', welcher immer gestellt werden muß, sobald eine solche Stimmung der Gesamtheit vermutet wird.

Von da an aber müßte das logische Verfahren entweder dies sein, daß über jeden Vorschlag mit Ja und Nein entschieden und erst derjenige von allen beibehalten würde, der die Majorität der bejahenden Stimmen erhielte — oder es müßte wenigstens, mit bloß positiven Stimmen, zuerst ohne weitere Reihenfolge einer der Vorschläge gewählt werden, um so den Stand der Meinungen deutlich zu machen.

Das wirkliche Verfahren spekuliert häufig viel mehr auf ihre Undeutlichkeit oder läßt dieselbe wenigstens bestehen. Denn welches auch die Ordnung der Fragen sein mag, so hindert doch die Gewohnheit, durch die Bejahung einer von ihnen alle noch folgenden von der Abstimmung ausgeschlossen werden zu lassen, sowohl den freien Ausdruck der Meinungen, als die Gewinnung eines ihnen ganz angemessenen Resultates. Denn jedes Ja oder Nein hat dann die doppelte Bedeutung, entweder den einzelnen Vorschlag an sich zu wollen (resp. nicht zu wollen), oder ihn zu affirmieren (resp. zu negieren) aus Furcht (resp. Hoffnung), einen späteren, noch weniger (resp. noch besser) gefallenden dadurch abzuwenden (herbeizuführen). Damit geht das Verfahren aus dem rein logischen Gebiet in das der praktischen politischen Berechnung und Täuschung über.

II. Encyklopädie der Philosophie.

Einleitung.

§ 1.

'Philosophie' darf nicht als eine Beschäftigung des Denkens betrachtet werden, die ihre eigenen sonst ganz unbekannten Probleme durch eben so eigentümliche sonst unerhörte Mittel und Methoden zu lösen suchte und zu unserem Leben als eine Luxuszugabe hinzuträte. Vielmehr ist sie nichts anderes, als die Anstrengung des menschlichen Geistes diejenigen Rätsel, von denen unser Gemüt im Leben bedrückt wird und über welche wir notgedrungen irgend eine Ansicht fassen müssen, um leben zu können, durch eine zusammenhängende Untersuchung zu einer widerspruchsfreien allgemeingültigen Auflösung zu bringen.

Das Leben selbst entwickelt in demjenigen, was wir 'Bildung' zu nennen pflegen, zahlreiche Versuche zu dieser Lösung. Sowohl über die Natur der Dinge und ihren gesetzlichen Zusammenhang, als über den Grund der Schönheit in den Erscheinungen und endlich über die verbindlichen Regeln des menschlichen Handelns pflegt die Bildung eine Menge von Gedankenreihen aufzustellen, die ein großes Interesse wegen der Lebendigkeit und Wärme einflößen, die sie als Erzeugnisse eines nicht unbeteiligten Nachdenkens, sondern unmittelbarer Lebenserfahrung besitzen, deren Nachteile aber darin bestehen, daß sie systematisch unverbunden, oft einander widersprechend und in der Regel abgebrochen sind, ehe sie den letzten

Grund der Gewißheit erreicht haben. Angeregt durch bestimmte Erlebnisse, die dem Einen so, dem Andern anders begegnen, gehen alle diese Reflexionen mit Lebhaftigkeit einige Schritte zurück, um die Erklärungsgründe dieser Erfahrungen zu finden. Dann halten sie gewöhnlich inne und sehen Gesichtspunkte, die selbst noch viel Rätselhaftes einschließen, als hinlängliche letzte Prinzipien an. Es ist natürlich, daß viele solche von verschiedenen Punkten ausgehende Gedankenreihen nicht zu einem Ganzen zusammentreffen, sondern Lücken und Widersprüche zwischen sich lassen.

Es verhält sich ebenso mit den einzelnen Wissenschaften, welche an einzelne Gebiete der Wirklichkeit anknüpfen und zufrieden sind, wenn sie Prinzipien finden, welche innerhalb dieses Gebietes von konstanter Geltung sind, aber in ihrer Anwendung sofort zweifelhaft werden beim Übergang auf ein anderes Gebiet. So gilt in der Physik zweifellos der Begriff einer gesetzlich wirkenden Ursache. Aber sowohl die Betrachtung des organischen Lebens, als die ethischen Spekulationen setzen ihm häufig den Begriff einer nur durch Zwecke, nicht durch Gesetze determinierten oder den einer ganz frei wirkenden Ursache entgegen. Die Rechtsansprüche dieser verschiedenen Prinzipien und den Umfang ihrer Gültigkeit zu bestimmen wird die Aufgabe der Philosophie, die sich daher jetzt definieren läßt als das Bemühen, durch eine Untersuchung, für welche das zum Objekt wird, was in der Bildung und in den einzelnen Wissenschaften Prinzip der Untersuchung ist, eine sichere allgemeingültige und zusammenhängende Weltansicht zu gründen.

§ 2.

Diesem ganzen Unternehmen sind zwei Voraussetzungen notwendig.

Zuerst die, daß es überhaupt in der Welt eine 'Wahrheit' giebt, welche der Erkenntnis ein sicheres Objekt darbietet. Selten ist diese Annahme in Zweifel gestellt worden. Ihrer Leugnung steht hauptsächlich die sittliche Überzeugung entgegen, daß ohne solche

Wahrheit die Welt absurd sein würde, und daß sie doch dies nicht sein darf.

Die andere Voraussetzung ist die, daß wir im stande sind, diese Wahrheit zu fassen, zwar keineswegs notwendig die ganze, aber doch einen Teil derselben, der uns als feste Basis einer im einzelnen unvollendbaren Untersuchung dient. In drei Formen erhebt sich dagegen Zweifel:

a) fragt ein unmotivierter Skepticismus, ob nicht schließlich alles ganz anders sein könne, als wir es notwendig denken müssen. Diesen Zweifel übergehen wir. Denn da er nicht aus dem Inhalt des Denknotwendigen entsteht, sondern nur allgemein eine außer allen unseren Gedanken liegende Bürgschaft für die Wahrheit unserer Gedanken verlangt, so ist ihm niemals Genüge zu thun, sondern er kann nur durch Überzeugung von der Absurdität seines Inhalts überwunden werden.

b) Eine zweite, motivierte Skepsis sucht zu zeigen, daß die Gedanken, die wir nach denknotwendigen Regeln unseres Erkennens denken müssen, nach ebenso denknotwendigen Regeln häufig unmöglich sind, daß also das in uns Denknotwendige zu keiner wahren Erkenntnis führt. Diese Zweifel sind im voraus nicht zu widerlegen oder zu billigen. Wir entlehnen ihnen nur die Regel der Vorsicht, alle die allgemeinsten Begriffe und Grundsätze, die uns als denknotwendig erscheinen, genau zu prüfen, das, was sie in Wahrheit meinen und vorschreiben, von den specielleren und nicht notwendigen Nebengedanken zu sondern, die sich während ihrer Anwendung auf beschränkte Kreise von Objekten an sie angeknüpft haben, und dann zu sehen, ob hierdurch die Widersprüche verschwinden. — Der Skepsis verwandt und aus ihr hervorgegangen, sucht

c) der Kriticismus die Erkenntnis sicher zu stellen, indem er eine Untersuchung der Natur des Erkenntnisvermögens vorausschickt und durch sie die Gültigkeitsgrenzen unserer Erkenntnisformen vor der Anwendung derselben auf die Objekte zu bestimmen sucht. Obgleich indessen eine vorläufige Orientierung über

Ursprung und Zusammenhang unseres Wissens uns vor vielen vergeblichen Unternehmungen behüten kann, so können wir doch das Unternehmen des Kriticismus nur als eine petitio principii ansehen. Nämlich vor der Anwendung des Wissens auf die Dinge können wir nichts thun, als uns der Beurteilungsgründe bewußt werden, welche unsere Vernunft als ihr denknotwendige zur Betrachtung der Dinge hinzubringt. Ob diese Grundsätze auf die Dinge selbst anwendbar sind, läßt sich nicht vorläufig, aus der Entstehungsgeschichte unserer Erkenntnis entscheiden, weil man notwendig, um eine solche Geschichte überhaupt zu haben, bereits von sachlichen Voraussetzungen über die Natur der erkennbaren Dinge, über die des erkennenden Geistes und über die Art der Wechselwirkung zwischen beiden ausgehen muß.

§ 3.

Wir gehen also an das Philosophieren mit dem Vertrauen der Vernunft zu sich selbst, d. h. mit dem Grundsatz, daß alle Sätze, die uns nach Berichtigung aller zufälligen, veränderlichen Irrtümer als immer und allgemein denknotwendige zurückbleiben, von uns auch als Wahrheit zu Grunde gelegt, nach ihnen unsere Ansichten über die Natur der Dinge bestimmt und erst hieraus eine Theorie unserer Erkenntnis gewonnen werden muß.

Was aber den Weg betrifft, den wir im Philosophieren nehmen sollen, so scheiden sich zwei Ansichten. Beide sind darin einig, daß die Welt selbst eine Einheit und folglich ihre vollkommene Erkenntnis ein abgeschlossenes System sein müsse, welches keine unverbundenen, ordnungslos nebeneinander stehenden Teile enthalten darf.

Aber die eine Ansicht glaubt schon am Anfang das Eine reale Prinzip, von dem die Welt wirklich abhängt, erraten und aus ihm die ganze Wirklichkeit als die Summe seiner Konsequenzen deduzieren oder konstruieren zu können und zu müssen. — Dieser Anfang der Erkenntnis würde der beste sein, wenn wir Götter wären. Als endliche Wesen dagegen stehen wir nicht von selbst im schöpferischen Mittelpunkt der Welt, sondern excentrisch in dem Wirrwarr einzelner Folgen desselben. Es ist gar nicht wahrscheinlich und niemals sicher, daß wir in irgend einem noch so wertvollen und wichtigen Grundgedanken, auf den uns eine plötzliche Anschauung führt, das wahre Prinzip der Welt **vollständig** erraten, noch unsicherer, daß wir es **formell** so genau fassen, daß aus ihm die Reihe seiner wahren Konsequenzen mit Klarheit hervorginge; vielmehr durchaus wahrscheinlich, daß schon der erste Ausdruck des Prinzips mangelhaft sein, die Fehler aber sich im Verlauf der Deduktion immer multiplizieren werden, da man keinen unabhängigen Gesichtspunkt berücksichtigt, von dem aus sie korrigiert werden könnten.

Die zweite Ansicht, die wir völlig billigen, unterscheidet **Untersuchung** und **Darstellung**. Jene, welche die Wahrheit noch **sucht**, hat durchaus nicht nötig von Einem Prinzip, sondern ist berechtigt von **vielen** Anknüpfungspunkten neben einander auszugehen. Sie ist nur an die Denkgesetze, aber sonst an keine 'Methode' gebunden. Alle direkten und indirekten Mittel, hinter die Wahrheit zu kommen, müssen von ihr auf das freieste angewandt werden. Diese dagegen, die Darstellung der **gewonnenen** Wahrheiten, hat allein das Bedürfnis nach Einheit und systematischem Zusammenhang zu befriedigen. Auch für sie aber ist dies eine Aufgabe, von der wir im Voraus nicht wissen, wie weit sie lösbar ist.

§ 4.

Eine **Einteilung** der **Philosophie** kann vorläufig nur in der Absicht versucht werden, die verschiedenen **Aufgabengruppen** zu sondern, deren jede in sich zusammenzugehören und eine gleichartige Untersuchung zu erfordern scheint. Auf die gegenseitige Ordnung dieser einzelnen Gruppen unter einander legen wir wenig Wert. Auch in der Geschichte der Wissenschaft sind Namen für diese einzelnen Gruppen eher gewöhnlich, als ein bestimmter Gebrauch ihrer systematischen Anordnung.

Nun scheiden sich zunächst zwei Gebiete: wir verlangen einerseits Untersuchungen über das, was ist, und anderseits Aufklärungen über die Werte, die wir auf Wirkliches oder auf Seinsollendes legen. Nun sehen wir, daß unmittelbar aus der Einsicht in Entstehung und Erhaltung irgend eines Wirklichen nichts in Bezug auf seinen Wert, aus der Einsicht in seinen Wert nichts in Bezug auf die Möglichkeit seiner Wirklichkeit folgt. Obgleich wir daher voraussetzen, daß am Ende der Untersuchung zwischen dem, was ist, und dem, was etwas wert ist, ein enger Zusammenhang sich zeigen werde, trennen wir doch am Anfang die beiden Untersuchungen: die über die Wirklichkeit und die über die Werte.

§ 5.

Von der weiteren Gliederung läßt sich folgendes voraussetzen: Veranlassungen zu Fragen über die Erklärung der Wirklichkeit giebt uns teils die äußere Natur, teils das Seelenleben. Beide Gebiete haben unmittelbar nicht den Anschein völliger Gleichartigkeit, wohl aber führt die Betrachtung beider zu einer Reihe ganz gleicher Fragen, z. B. über die Möglichkeit der Veränderung eines und desselben Wesens, über die Möglichkeit der Einwirkung des einen auf das andere ꝛc. Diese Fragen kann man absondern und zu einer vorausgehenden allgemeineren Untersuchung, Metaphysik, verbinden, auf welche dann als Anwendungen der hier gefundenen Resultate auf spezielle Fälle eben die Naturphilosophie und die Psychologie folgten.

Der zweite Hauptteil findet an den Werten, die wir dem Seienden, und in denen, die wir den seinsollenden Handlungen oder den Gesinnungen zuschreiben, zwei offenbar verwandte Objekte, die aber doch zunächst dadurch verschieden sind, daß nur die letzteren zugleich eine Verpflichtung einschließen. Man wird deshalb die Untersuchung beider in Ästhetik und Ethik spalten, für welche zwei Untersuchungen eine dritte gemeinsame, über die Natur aller Wertbestimmungen sich zwar (der Metaphysik entsprechend) denken läßt, aber bisher nie ausgeführt ist.

Erster Abschnitt.
Theoretische Philosophie.
§ 6.

Wie schon erwähnt, sind wir im Leben und in den einzelnen Wissenschaften stets damit beschäftigt, die Erscheinungen, welche so, wie sie uns vorliegen, uns durch ihre Widersprüche, ihre Lücken und ihre Zusammenhanglosigkeit rätselhaft sind, zu erklären. Wir gehen dabei notwendig aus von gewissen allgemeinen Voraussetzungen, denen die Natur und der Zusammenhang der Dinge entsprechen müssen, um wahr zu sein. Diese gewöhnlich nur unkritisch und ohne deutliches Bewußtsein benutzten Voraussetzungen sucht die Metaphysik zusammenzustellen, ihren wahren Sinn aufzuklären und die Vorurteile zu entfernen, welche sich an sie aus Gewöhnung an beschränkte Erfahrungskreise angeknüpft haben. — Drei große Gruppen von Untersuchungen treten hier auf:

1) über die allgemeinsten Begriffe und Grundsätze, die wir zur Beurteilung jeder Wirklichkeit anwenden;

2) über die allgemeinsten Formen, in denen diese Wirklichkeit im natürlichen Dasein erscheint (Raum, Zeit, Bewegung);

3) über die Möglichkeit des Füreinanderseins der Dinge, wodurch das eine wahrnehmbares Objekt, das andre wahrnehmendes Subjekt wird.

Diese drei Gruppen kommen unter verschiedenen Namen, mit etwas abweichender Begrenzung, und allerdings sehr verschieden behandelt, in den meisten Systemen der Metaphysik vor.

In der Metaphysik der älteren Schule erscheint der erste Teil als Ontologie; der zweite als Kosmologie, mit der Aufgabe, zu zeigen, wie die einzelnen Dinge zu einem geordneten Weltganzen zusammenhängen, welche Aufgabe allerdings mit der obigen zweiten zwar verwandt, aber nicht identisch ist. Der britten Gruppe entspricht eine rationale Psychologie. Dagegen der vierte Teil dieser Metaphysik, die rationale Theologie, muß als fremdartiger, der Metaphysik eigentlich nicht gehöriger Bestandteil ausgeschieden werden.

Wenn wir ebenso in Herbart's Metaphysik den ersten Teil, die Methodologie abrechnen, so entsprechen die andern: Ontologie, Synechologie, als Lehre vom Stetigen, und Eidologie, als Lehre von den Bildern ($\varepsilon\check{\iota}\delta\omega\lambda\alpha$), die in einem Wesen von den übrigen entstehen, völlig der obigen Einteilung.

Ebenso zeigt Hegel's 'Logik' durch ihre Gliederung in die Lehren vom Sein, von der Erscheinung (wovon freilich, aber zum Nachteil, Raum und Zeit ausgeschieden bleiben) und von der Idee die deutlichsten Analogien zu der obigen Einteilung der Probleme.

§ 7.

Die Ontologie wird aus der Beschäftigung mit der Erfahrung zu folgenden Hauptfragen geführt:

1) was ist eigentlich das absolute Subjekt, welches nicht Prädikat eines Andern ist, d. h. worin besteht in allen Dingen, deren Natur wir gewöhnlich zuerst durch eine Anzahl von Eigenschaften angeben zu können glauben, das eigentlich wahrhaft Seiende, welches der Träger dieser Eigenschaften und nicht selbst wieder Eigenschaft eines Andern ist?

2) wie ist die Möglichkeit einer Vielheit gleichzeitiger und successiver Eigenschaften an einem und demselben Subjekt zu begreifen?

3) wie kann zwischen einer Vielheit von Dingen eine solche Einheit bestehen, daß die Zustände des einen Ursachen zu Veränderungen in den Zuständen des andern werden?

§ 8.

Ehe wir der verschiedenen Antworten gedenken, die auf diese Fragen gegeben worden sind, heben wir einige sehr allgemeine Arten des Irrtums hervor.

Der erste ist die Verwechselung logischer Zergliederung unserer Vorstellungen und metaphysischer Erklärung der Sachen, auf die sich die Vorstellungen beziehen. Es ist ganz im allgemeinen klar, daß den verschiedenen Schritten, den Trennungen und Verknüpfungen, überhaupt allen den Wendungen, die wir im Denken machen müssen, um von unserem Standpunkt aus die Natur der Sachen zu fassen, nicht ebenso viele Bewegungen und Wendungen in der Sache selbst und als Entwicklungen ihrer eigenen Natur entsprechen können. Dies leuchtet jedermann ein, wenn es sich z. B. um die verwickelten Untersuchungskunstgriffe handelt, durch die wir eine verheimlichte Thatsache zu entdecken suchen. Hier ist ganz offenbar der ganze Aufwand von Denkoperationen nur unsere subjektive Anstrengung, hinter die an sich einfache Sache zu kommen. Dagegen wird dies alles unklar, wenn es sich um die einfachsten logischen Operationen handelt. Und hier verfallen wir sehr allgemein in den Irrtum, unsere logischen Trennungen und Verknüpfungen der Vorstellungen und ihrer Teile für Ereignisse anzusehen, die auch in der Natur der Sachen vorgehen.

Zum Beispiel in der Definition schicken wir dem Einzelnen einen allgemeinen Begriff voraus und arbeiten diesen durch hinzugefügte Modifikationen bis zur Gleichheit mit dem gegebenen Einzelnen aus. Daher der häufige Irrtum, als müsse auch in der Wirklichkeit ein 'Urtier', eine 'Urmaterie', eine 'Ursubstanz' als sachliches Substrat vorausgehen, aus welchem erst sekundär, durch Einwirkung modifizierender Bedingungen, die einzelnen untergeordneten Arten entständen. Man verwechselt also die logische Abhängigkeit der Glieder einer Klassifikation mit realem, sachlichem Hervorgehen des einen aus dem andern.

Im Urteil scheiden wir den Gegenstand einer Wahrnehmung in ein Subjekt, von dem wir ein Prädikat noch ausschließen, dann in dieses Prädikat und endlich in die dritte Vorstellung einer Kopula, durch die das Prädikat mit dem Subjekt wieder verbunden wird. Diese Operationen sind dem Denken zur Klarheit notwendig. Aber es ist Irrtum anzunehmen, daß ihnen allgemein ein gleiches Verhalten sachlich entspreche, so daß es zuletzt ein Etwas geben könne, welches prädikatlos und nur eben ein Etwas, nicht aber irgend ein bestimmtes Etwas wäre, daß es ferner Prädikate geben könne, die schon etwas wären, noch ehe sie an einem Subjekt verwirklicht sind, daß es endlich in rerum natura einen der logischen Kopula ähnlichen Kitt gäbe, durch den die Prädikate an dem Subjekt zum 'Inhärieren', wie man sich auszudrücken pflegt, gebracht würden.

Eine der häufigsten Veranlassungen zu solchen Irrtümern liegt in den Vergleichungen, welche wir willkürlich zwischen beliebigen zwei Vorstellungsinhalten im Denken anstellen können. Wir sind sehr geneigt, die Prädikate z. B. 'größer', 'kleiner', 'verschieden', 'entgegengesetzt' u. dergl., welche dem verglichenen Inhalt nach dieser Vergleichung zukommen, als wesentliche, integrierende Eigenschaften des Inhalts anzusehen.

Aus diesen Fehlern entstehen teils eine Menge künstlicher Schwierigkeiten, indem wir Erklärung für sachliche Eigenschaften der Dinge suchen, die erst wir dazu gemacht haben [wie z. B. gefragt worden ist, wie ein x zugleich größer und kleiner sein könne — nämlich größer als y, kleiner als z], teils werden viele wirkliche Schwierigkeiten umgangen und nicht gelöst, weil wir uns einbilden, die Entwicklung der Sache schon dargestellt zu haben, wenn wir in Wahrheit bloß die Entwicklung unserer Begriffe von der Sache geschildert haben. Zu diesem letzteren Falle gehört z. B. die Anwendung der Begriffe von 'potentia' und 'actus' oder 'Dynamis' und 'Entelechie', 'Vermögen' und 'Äußerung', wie überhaupt diese ganze Gattung von Fehlern in der antiken Philosophie besonders häufig ist [vergl. 'Mikrokosmus' Bd. III S. 202—244].

§ 9.

Ein zweiter, dem vorigen entgegengesetzter sehr allgemeiner Fehler ist das Bestreben, die höchsten Prinzipien aufklären zu wollen durch Erklärungen, die nur in den von den Prinzipien abhängigen einzelnen Erscheinungen Sinn haben und auch hier nur Sinn haben vermöge der Prinzipien selbst. Dies wird in der Kürze am einfachsten folgendermaßen klar.

Unsere Erkenntnis ist an die Untersuchung einzelner Ereignisse gewöhnt. Diese haben ihre bestimmten Bedingungen, von denen sie hervorgebracht und unterhalten werden. Man kann deshalb oft Schritt für Schritt anschaulich aufzeigen, wie die Erscheinung aus dem Zusammenwirken ihrer Bedingungen entsteht, d. h. man kennt den **Mechanismus ihres Werdens**, die Art wie sie **gemacht wird**. Diese Frage nun erhebt man dann sehr leicht auch in Bezug auf die **allgemeinen Prinzipien**, welche eben der Grund der **Möglichkeit** jedes Mechanismus sind oder jeder Art, wie überhaupt etwas gemacht werden kann. Z. B. man fragt, wie es zugeht, daß im 'Werden' überhaupt ein Zustand auf den andern folgt, oder wie eine 'Ursache' überhaupt es anfängt ihre Wirkung hervorzubringen, d. h. also man will einen inwendigen **Mechanismus** aufsuchen, durch welchen die Beziehungspunkte dieser beiden allgemeinsten Begriffe zusammengehalten werden, obgleich umgekehrt jeder mögliche Mechanismus gerade die Gültigkeit dieser beiden Begriffe **voraussetzt**.

Ebenso in vielen andern Fällen. Dem vorigen entgegengesetzt ist dieser Fehler insofern, als er sich bei Objekten des Gedankens, die durchaus nur in **abstrakten Begriffen** auffaßbar und nach ihrem wesentlichen Sinne definierbar sind, mit dieser begrifflichen Fassung nicht begnügt, sondern eine hier ganz unmögliche **Anschauung** hinzu verlangt.

§ 10.

Die Verschiedenheit der Bearbeitungen der Metaphysik läßt sich auf **zwei** Gegensätze zurückführen, welche von den Grundvoraussetzungen abhängig sind, die zur Betrachtung mitgebracht werden. Die eine, **realistische** Ansicht findet den Anlaß zur Untersuchung ausschließlich in den 'Widersprüchen' der Erfahrung. Gäbe es deren nicht, so würde der Realismus keinen Anstoß daran nehmen, die Welt so, wie sie thatsächlich wäre, gelten zu lassen und würde keine weiteren Fragen aufwerfen. Gelingt es ihm daher,

dieser Welt der Erfahrung eine Welt des wahrhaft und widerspruchs=
los Seienden unterzulegen, aus der sie selbst begreiflich wird, so
sind seine Aufgaben gelöst. Die andere, idealistische Ansicht sieht in jeder Thatsache,
auch wenn sie k e i n e n Widerspruch einschließt, ein Rätsel, und
glaubt nur dasjenige Thatsächliche als wahrhaft Seiendes aner=
kennen zu dürfen, welches sich durch seinen S i n n und seine Be=
d e u t u n g als ein wesentliches Glied des vernünftigen Weltganzen
nachweisen läßt.

§ 11.

Die r e a l i s t i s c h e Metaphysik neigt mehr zur Ausführung
s p e c i e l l e r Untersuchungen, die an einzelne Problemgruppen an=
knüpfen, und wird erst die gewonnenen Resultate zu einem Ganzen
zu verknüpfen suchen. Die idealistische zieht dagegen vor, den
Sinn der Welt im Ganzen als das einzige Hauptproblem zu
fassen, dessen Lösung die aller speciellen Aufgaben einschließt, und
sie gelangt dadurch meist zu einer zusammenhängenden, stetigen Ent=
wicklung. — Die M e t h o d e n nehmen teil an diesem Unterschied.

Der R e a l i s m u s geht von der absoluten Gewißheit des Iden=
titätsgesetzes aus, sieht daher überall 'Widersprüche', wo die ge=
wöhnliche Erfahrung uns 'Einheit des Einen und Vielen' zeigt (z. B.
die 'vielen Eigenschaften' des Dinges und die 'Veränderung'),
sucht ferner überall den Widerspruch zu lösen durch die Behauptung,
die 'Einheit' sei hier nur scheinbar und den (gleichzeitigen oder
successiven) vielen Eigenschaften entspreche als Subjekt nicht e i n
sich selbst gleich bleibendes und doch veränderliches Wesen, sondern ein
Komplex vieler Wesen welche, an sich selbst immer einfach und
immer sich selbst gleich, nur durch ihre 'Beziehungen' unterein=
ander und durch deren Wechsel uns als Ein Ding, als Ein Ding mit
vielen Eigenschaften, als Ein veränderliches Ding erscheinen.

§ 12.

Die idealistische Metaphysik stellt sich ein einziges Haupt=
problem, nämlich: die Natur des wahrhaft Seienden zu finden, gegen

dessen Anerkennung als absoluten, unabhängigen und höchsten Grund der Wirklichkeit keine der Voraussetzungen mehr Einspruch thut, die unsere Vernunft an ein solches Prinzip machen muß.

Diese Aufgabe führt zu einer eigenen **Methode**. Nämlich jenes 'wahrhaft Seiende', das wir finden wollen, schwebt uns am **Anfang** der Philosophie nur in einer sehr unklaren, obgleich sehr lebendigen **Ahnung** vor. **Positiv** können wir nicht erschöpfend ausdrücken, was wir damit meinen. Wohl aber, wenn uns irgend ein mit ihm **nicht** identischer Gedanke genannt wird, können wir sehr bestimmt **verneinen**, daß er das sei, was wir meinen. Nehmen wir also an, wir hätten für diesen unklaren Inhalt X zuerst eine Definition a aufgestellt, welche die Züge des X enthielte, die uns verhältnismäßig noch am meisten klar sind, so können wir nun a mit X vergleichen, merken dabei nicht bloß überhaupt, daß a **nicht** vollständig das ist, was wir unter X meinen, sondern auch **warum** oder **worin** a dem X ungleich und folglich zu verbessern ist. So entsteht eine zweite Definition $\alpha = X$, mit der dasselbe Verfahren angestellt wird, wie mit a. Und so weiter, bis wir endlich eine Definition $A = X$ finden, in welcher wir Alles, was wir unter X unklar **meinten**, in klare Begriffe verwandelt sehen.

So angesehen, ist diese Methode nichts als eine Reihe **sub**-**jektiver**, d. h. von uns als überlegenden Subjekten in ganz bestimmter Absicht ausgeführter **Denkoperationen**, durch die wir eine anfangs ungenügende Kenntnis unseres Gegenstands in eine adäquatere verwandeln wollen. Wenn jedoch der Gegenstand X so unklar ist, wie diese hochfliegenden Gedanken des 'wahrhaft Seienden', des 'Absoluten' u. dergl., so wird es in der Regel sehr schwer, sich der **bestimmten Gründe**, um deren willen eine erste Definition a nicht genügt, ganz genau bewußt zu werden. Man **fühlt** wohl das **Ungenügen** überhaupt und es drängt sich von selbst eine zweite Definition α auf, die dem X viel besser entspricht. Aber die **logischen Motive** zu diesem Übergang bleiben unklar. Er erfolgt bloß mit einer gewissen poetischen Gerechtigkeit und erscheint uns nun, da wir die leitenden Zügel des Gedankenfortschritts verloren haben, als eine eigene innere Entwicklung des X selbst, welcher wir, die denkenden Subjekte, nur zusehen. — Anderseits ging der Idealismus von der sachlichen Voraussetzung eines einzigen Weltgrundes aus, eines 'Absoluten', welches sich in die Vielheit der Erscheinungen 'entwickelt'. Hätte man gewußt, was dieses Absolute ist, so hätte man aus dieser seiner Natur eine ihr entsprechende Entwicklungsweise ableiten können. Man wußte es aber nicht, sondern der Name 'Absolutes' bezeichnete bloß die Würde eines höchsten Weltprinzips, zu der man einen noch unbekannten Inhalt erheben wollte. Man konnte also keine bestimmte Entwicklungsweise erraten, sondern nur behaupten, welche auch dem Absoluten zukommen möge, so werde sie in jedem Fall wenigstens dem allgemeinen Begriff der 'Entwicklung' entsprechen müssen.

Nun liegen in diesem Begriffe die Gedanken, daß das sich entwickelnde Wesen noch nicht das ist, wozu es werden soll, daß aber gleichwohl die Möglichkeit dieses Werdens in ihm allein liegt. So erscheint es als ein Keim, der noch ungestaltet ist, aber 'an sich' das ist, was es später wird. Ferner darf der Keim nicht Keim bleiben, sondern muß sich entwickeln in eine Mannigfaltigkeit wirklicher Erscheinungen, die zwar völlig seinem Wesen entsprechen, von denen aber keine die ihm ausschließlich entsprechende ist, sondern andere neben sich hat. Daher wird das 'An sich' in dieser Entwicklung, dem 'Anderssein', zugleich verwirklicht und verendlicht: indem es eine bestimmte Form annimmt, schließt es die andern aus, die es hätte annehmen können. Diese Inkongruenz zwischen dem 'Ansich' des Wesens und dem 'Anderssein' der Erscheinung muß wieder aufgehoben werden, und es ist noch ein Schritt der Entwicklung nötig, durch den die Einseitigkeit der Erscheinung negiert wird und das Wesen in seine Unendlichkeit zurückkehrt, obwohl, da es diese bestimmte Entwicklung hinter sich hat, nicht in die Einfachheit des 'Ansich', sondern in den höhern Zustand des 'Fürsichseins'.

Diese drei aus dem Begriff der Entwicklung in abstracto abgeleiteten Stufen wurden nun außerdem durch manche bedeutungsvolle Beispiele der Erfahrung, wie das pflanzliche, tierische, geistige Leben, bestätigt; und so geschah es, daß jene erste, subjektive Methode der Aufklärung dunkler Begriffe mit diesem objektiven Rhythmus der Entwicklung verschmolz und die Philosophie hierin eine zugleich subjektive und objektive Methode zu besitzen glaubte, nach welcher die Dinge sich vor unserem Bewußtsein entwickelten. [Vergl. 'Geschichte der Ästhetik in Deutschland', München 1868, S. 176—183].

§ 13.

Es ist klar, daß von dieser Methode nur eine Entwicklung, in der mehr oder weniger deutlich eine gewisse poetische Gerechtigkeit herrscht, aber nicht eine solche zu erwarten ist, in welcher jeder Schritt durch bestimmte Beweise als notwendig oder als ausschließlich möglich dargethan werden kann.

In der That hat der Gebrauch derselben Methode bei verschiedenen Philosophen dieser Schule zu ganz abweichenden Resultaten geführt.

Nur der Grundgedanke ihrer Ontologie bleibt und ist der, daß 'Sein' niemals einfache, unveränderliche Position, sondern beständige Bewegung durch die oben erwähnten drei 'Momente' des 'Ansich', 'Andersseins' und 'Fürsichseins' ist, daß ferner nur Ein 'Seiendes' ist, dessen endliche und beschränkte 'Erscheinung' die einzelnen Dinge sind, daß endlich (was hier voraus bemerkt werden kann) dieses Eine Absolute doch nicht ein ganz leerer Name für einen dunkeln Punkt bleibt, sondern wesentlich die Natur des Geistes hat und jene 'Entwicklung' der Fortschritt aus dem Ansich des unbewußten Daseins zum Fürsichsein des Selbstbewußtseins ist.

§ 14.

Die Resultate des Realismus sind andere. Zunächst auf Erklärung der Möglichkeit der Erscheinungen gerichtet, gelangt er natürlich im Gegensatz zu der 'Veränderung', die einen 'Widerspruch' einschließen würde, dazu, das 'Sein' als eine e i n f a ch e, unaufhebliche Position zu betrachten. Ferner dazu, zuerst in einer Vielheit letzter Subjekte oder realer Wesen die Elemente zu sehen, aus deren veränderlicher Verbindung die Erscheinungen hervorgehen. Die ursprüngliche Natur dieser Wesen glaubt er nicht erkennen zu können, sondern schließt nur aus den Thatsachen des 'Scheines' auf Verhältnisse zurück, die zwischen ihnen stattfinden müssen, um diesen 'Schein' möglich zu machen.

Beide Ansichten, Idealismus und Realismus, kommen von verschiedenen Seiten zu einer und derselben Schwierigkeit. Der erste kann aus der Einen Idee, die er voraussetzt, vielleicht im Allgemeinen die Aufgaben entwickeln, welche die Wirklichkeit lösen muß, um dieser Idee zu entsprechen. Allein er vermag nicht, die speciellen Wechselwirkungen zu erklären, die zwischen den einzelnen Exemplaren der von ihm abgeleiteten Gattungen von Wesen stattfinden, sondern bedarf dazu der 'pluralistischen' Annahme, daß jene Idee auf eine erst noch nachzuweisende Art sich vor allem in eine Vielheit künftig selbständig wirksamer Elemente zerfällt hat.

Der Realismus dagegen muß, um eine Wechselwirkung seiner vielen Elemente zu begreifen, eine Einheit allgemeiner Gesetze annehmen, denen sie alle unterworfen sind. Die Erklärung, wie diese Unterordnung des Vielen unter diese Einheit möglich ist, wird das Gegenbild der vorigen Aufgabe des Idealismus sein. Wir können daher als letztes, noch nicht befriedigend gelöstes Problem der Ontologie diese Frage nach dem Zusammenhang der notwendigen Einheit und der gleich notwendigen Vielheit des Seienden betrachten.

§ 15.

Nachdem nun die 'Ontologie' vom Sein, vom Seienden, vom Geschehen und Wirken überhaupt allgemeine Begriffe aufgestellt hat, fragen die kosmologischen Untersuchungen nach dem Verhältnis dieses Seins und Wirkens zu Raum und Zeit. Die Hauptprobleme sind hier drei:

1) die Frage, ob der 'Raum' an sich ist und die Dinge in ihm sind, so daß die letzteren teilweis durch ihren Ort im Raume unterschieden sind, oder ob der 'Raum' nur als Anschauung in den Dingen ist, diese mithin bloß qualitativ sich unterscheiden und erst infolge ihrer Qualitätsunterschiede gegenseitig einander an verschiedenen Punkten eines von ihnen angeschauten Raums erscheinen. Mit dieser Frage nach 'Realität' oder 'Idealität' des Raums hängt

2) die nach der Natur der 'Materie' zusammen, obgleich sie nicht damit zusammenfällt. Es fragt sich: soll das räumliche Volumen einer Materie als ein stetiges Volumen voll von Realem gelten? oder ist es nur ein Raumvolumen, innerhalb dessen viele durch ihre Orte verschiedene, an sich unausgedehnte wirksame Elemente vorhanden sind? Dies ist die Frage zwischen 'dynamischer Raumerfüllung' und 'Atomismus', deren Sinn aber umgekehrt zu fassen scheint, als gewöhnlich geschieht. Die Vorstellung einer stetigen Materie behauptet, daß das Reale dadurch eine wirkliche Leistung ausführt, daß es den Raum ausfüllt und zwar durch seine Gegenwart ausfüllt. Die andere Ansicht läßt den Raum durch das Reale nur beherrscht, aber nicht ausgestopft werden. Und sie allein würde außerdem mit der richtigen Ansicht von der Idealität des Raums vereinbar sein.

3) Eine dritte Streitfrage entsteht aus der Betrachtung des physischen Geschehens. Wir sind einerseits genötigt, das Entstehen der Erscheinungen aus dem Zusammenwirken vieler früher unverbundener Elemente anzuerkennen und zugleich die Gültigkeit allgemeiner Gesetze, nach denen diese Elemente in jedem Fall wirken, sodaß sie in ihrem Effekt nur von diesen Gesetzen, von ihrer eigenen beständigen Natur und von der augenblicklichen Lage der Umstände, gar nicht aber von einem Erfolg abhängig sind, der erst noch erreicht werden soll. Dieser 'mechanischen Ansicht' von 'blind wirkenden gesetzlichen Kräften' steht die idealistische gegenüber, welche als das wahrhaft Wirksame in der Welt nur 'thätige Ideen' ansieht,

die immer sich selbst zu realisieren streben und die deshalb nicht an stets gleichförmige 'Gesetze' ihres Wirkens gebunden sind, sondern ihr Verfahren in jedem Augenblick mit zweckmäßiger Rücksicht auf den erstrebten Erfolg modifizieren. Nun begreift sich, daß, so lange die 'Ideen' Mittel zu ihrer Verwirklichung brauchen, diese nicht erfolgen kann ohne Geltung allgemeiner Gesetze, nach denen diese Mittel wirken. Aber ebenso würde anderseits die Welt absurd sein, wenn es in ihr lauter 'Mechanismus' und keine Macht der 'Ideen' oder 'Zwecke' gäbe. Das letzte Objekt der Kosmologie wird daher die Frage sein, wie innerhalb einer Welt, deren Ereignisse den Gesetzen eines Mechanismus unterliegen, Ideen und Zwecke wirksam sein können.

§ 16.

Nachdem wir in 'Ontologie' und 'Kosmologie' uns eine Ansicht über die Natur der Dinge und ihrer Wechselwirkungen gebildet hätten, würden wir im letzten Teil der Metaphysik das Erkennen als einen einzelnen, aber wichtigen Fall der Wechselwirkung zwischen zwei Elementen untersuchen, nämlich den Fall, wo das eine Wesen fähig ist, die von dem anderen empfangenen Eindrücke als 'bewußte Vorstellungen' aufzufassen.

Wir würden zuerst realistisch aus der Betrachtung dieser Wechselwirkung finden, daß das Bild des einen Wesens A in dem andern B nicht gleich A sein kann, weil es immer zwar einesteils von dem Eindruck des A, aber zugleich andernteils von der Natur des B abhängt; d. h. also: daß vermöge dieser unvermeidlichen 'Subjektivität alles Vorstellens' die Erkenntnis nicht dadurch 'wahr' sein kann, daß sie das Wesen der Objekte ihnen ähnlich abbildet, sondern höchstens dadurch, daß sie in Verhältnissen ihrer Vorstellungen die Verhältnisse zwischen den Dingen wiederholt.

Dieses Resultat aber veranlaßt zu der idealistischen Frage nach der Bedeutung dieses ganzen Verhaltens. Der Realismus der gemeinen Meinung pflegt die Welt, abgesehen von der

Erkenntnis, für einen fertigen, in sich selbst ganz vollständigen Thatbestand anzusehen, das Erkennen aber nur als eine Zugabe, durch welche dieser Bestand nur zum Besten des erkennenden Wesens rekapituliert wird, ohne dadurch eine Vermehrung zu erfahren. Der Idealismus macht nun geltend, daß das Vorstellen einer der wesentlichsten Bestandteile des Weltlaufes selbst ist, daß die Objektivität nicht ein Ziel ist, dessen Erreichung und Abbildung Aufgabe des Vorstellens wäre, sondern daß das Vorstellen oder das ganze geistige Leben ein Ziel ist, zu dessen Erreichung die ganze nichtvorstellende Welt der Objekte und die ganze Ordnung zwischen ihnen berufen ist.

§ 17.

Die Absicht der Einteilung der theoretischen Philosophie in Metaphysik und in deren Anwendungen, Naturphilosophie und Psychologie, ist die, daß die erste die Frage beantworten soll: wie muß alles das sein, was überhaupt sein soll? oder: wenn überhaupt etwas ist, welchen denknotwendigen Gesetzen unterliegt es? Dieser abstrakten Wissenschaft gegenüber sind die beiden anderen konkret. Das heißt: sie sollen die Wirklichkeit betrachten, welche zwar den metaphysischen Gesetzen gehorcht, aber in einer speciellen Form, die auch anders sein könnte und die also vorläufig nur als ein empirisch gegebenes Beispiel der denknotwendigen Gesetze anzusehen ist. Allein die Absicht dieser Unterscheidung ist weder genau durchzuführen, noch hat dies großen Wert.

Die Aufgabe der Naturphilosophie würde nun sein: zwar nicht die Elemente zu beschreiben, welche vorhanden sind, wohl aber zu zeigen, welche allgemeinen Gewohnheiten des Wechselwirkens in dieser bestimmten Natur vorkommen, welches also unter verschiedenen in abstracto denkbaren Kräften die wirklich vorhandenen, unter vielen möglichen Dispositionen derselben die wirklich von Anfang an bestehenden und in mancherlei Formen des Wechsels sich erhaltenden sind. Daß z. B. die Masse der Materie in einzelne Weltkörper gegliedert ist, diese untereinander in zusammengehörige, gegenseitig abgeschlossene Systeme sich scheiden, daß auf unserem Planeten die drei verschiedenen Formen des unorganischen, pflanzlichen und tierischen Daseins vorkommen, daß in diesen drei Reichen oder wie weit in ihnen das Vorhandene in Gattungen, Arten u. s. f. gespalten ist, daß eine geordnete, zur Erhaltung notwendige Wechselwirkung zwischen allem Lebendigen und dem unorganischen Material stattfindet — das alles sind Aufgaben der konkreten Naturphilosophie. Realistisch hat man das Interesse, die bewirkenden Bedingungen zu suchen, auf denen alle diese Thatsachen der Naturordnung beruhen, idealistisch das andre: zu zeigen, daß sie eben eine Ordnung ist, in welcher, wenn man sie einmal kennt, sich das Streben nach Erfüllung allgemeiner, in jeder denkbaren vernünftigen Welt unvermeidlicher Aufgaben wohl wiedererkennen läßt, während der Idealismus viel zu viel verspricht, wenn er, wie in der Schelling'schen Naturphilosophie, alle diese konkreten Formen des Daseins als denknotwendige Konsequenzen irgend einer höchsten Idee 'ableiten' will.

§ 18.

Auch in der Psychologie stehen dieselben Hauptansichten einander gegenüber:

Die realistische will durch Kausaluntersuchungen die Bedingungen auffinden, unter denen jedes einzelne Phänomen des Seelenlebens auftritt, sich erhält oder sich verändert und durch Wechselwirkung mit anderen neue Zustände begründet. Diese Untersuchungen können entweder in ganz naturwissenschaftlicher Weise auf Erfahrung und Experiment oder philosophisch auf metaphysische Vorüberzeugungen gegründet werden. Der größere Gewinn in Bezug auf die Erklärung des Einzelnen wird auf dem ersten Wege, aber eine sichere Zusammenfassung zum Ganzen einer Theorie doch nur auf dem zweiten zu finden sein. Unerläßlich aber ist die ganze realistische Untersuchung, weil nur die Kenntnis der wirkenden Kräfte im Seelenleben praktische Anwendungen, in Pädagogik, Psychiatrie ꝛc. erlaubt.

Der Idealismus sucht auch hier zuerst den konstitutiven Begriff der Seele, d. h. die specielle Idee, zu deren Verwirklichung sie an einer bestimmten Stelle des Gesamtzusammenhangs der Welt berufen ist, und will dann die einzelnen Thätigkeiten der Seele als eine zusammenhängende Reihe von Entwicklungsstufen nachweisen, die nach und nach diesem Begriff eine immer adäquatere Verwirklichung verschaffen. Die bisherigen Versuche (Schelling, Hegel 2c.) leiden teils an den Ungenauigkeiten, die der vorige § erwähnt, teils an einer unmotivierten Überschätzung der bloßen Intelligenz in Vergleich zu dem ganzen geistigen Leben. Sie sehen als letztes Ziel der Seele und der Welt das bloße Sichselbstwissen, das vollkommenste Selbstbewußtsein an, während uns umgekehrt alle Intelligenz doch nur die Conditio sine qua non ist, unter der uns allein die wirklich höchsten Zwecke, die persönliche Liebe und der Haß, die sittliche Ausbildung des Charakters, überhaupt der ganze wertvolle Gehalt des Lebens möglich erscheint.

Zweiter Abschnitt.
Praktische Philosophie.

§ 19.

Der Realismus nimmt die in unserm Innern sich uns aufdrängenden Aussprüche des zu bestimmtem Handeln verpflichtenden Gewissens als thatsächliche Probleme auf — Probleme deswegen, weil ungeachtet der Klarheit, mit der in vielen einzelnen Fällen die Aussprüche des Gewissens erfolgen, dennoch in anderen Fällen wir uns auf widersprechende Weise zu unvereinbaren Handlungsweisen verpflichtet fühlen.

Die Untersuchung geht daher zuerst auf Feststellung des Thatbestandes, d. h. Aufstellung der 'sittlichen Grundurteile', in denen, da sie auf einfachste Verhältnisse mehrerer persönlicher Willen untereinander bezogen sind, auch ein stets gleiches unveränderliches Urteil der Billigung oder Mißbilligung über ein bestimmtes

Verhalten des Willens ausgesprochen wird. Woher diese Urteile des Gewissens in uns entstehen, in welchem Zusammenhang sie mit den Gesetzen des Geschehens in der Wirklichkeit stehen, ob sie endlich aus Einem höchsten Gebot sich ableiten lassen oder nicht, das alles sind Nebenfragen, deren Beantwortung, wie sie auch ausfallen mag, die **verpflichtende Kraft** jener sittlichen Grundurteile weder steigert, noch mindert.

Für einen Hauptfehler erklärt es der Realismus, diese Unabhängigkeit der sittlichen Prinzipien preiszugeben und aus irgend einer theoretischen Einsicht in die Natur der Wirklichkeit die höchsten Grundsätze ableiten zu wollen, nach denen unser Handeln sich zu richten habe. In dem 'Sein' liege keine Hindeutung auf ein 'Sollen'. Aus dem, was ist und geschieht, lassen sich Maximen der Klugheit für ein Handeln entwickeln, das die Gefahren dieser Wirklichkeit vermeiden will, aber keine **Verpflichtungen** die, abgesehen von einem Erfolge, irgend eine Art des Handelns als **an sich wertvoll, würdig und löblich** erscheinen ließen.

Die Untersuchungen des **Idealismus** haben großenteils diese Bemerkungen gerechtfertigt. Indem er von Einer höchsten Thatsache, nämlich der Entwicklung des absoluten Weltgrundes ausging, hat er eigentlich eine Stelle für den Begriff eines solchen verpflichtenden 'Sollens' nicht gefunden, sondern die Begriffe des 'Guten' und 'Bösen' nur durch theoretische Begriffe des Harmonierens oder Nichtharmonierens einer Handlungsweise mit der Selbstentwicklungstendenz des Absoluten ersetzt.

§ 20.

Formell unterscheiden sich die beiden Behandlungsweisen dadurch, daß die **realistische** von allgemeinen Gesetzen des Handelns ausgeht, aus denen für jeden einzelnen Fall der Veranlassung zum Handeln die in Betracht der Umstände notwendige specielle Maxime des Handelns abgeleitet werden kann, und aus denen die Wissenschaft außerdem, indem sie die empirische Natur des Menschen und der immer wiederkehrenden geselligen Verhältnisse in Betracht zieht, auch eine Reihe von beständigen für den Einzelnen und die Gesellschaft gültigen Lebenszwecken entwickeln kann. Diese letzte Aufgabe kann speciellec 'praktische Philosophie' heißen, während die Lehre von der Ausbildung des Charakters gemäß den allgemeinen sittlichen Prinzipien 'Moral' oder 'Ethik' ist.

Der Idealismus kommt in der Regel zu einer speciellen Ausscheidung dieser Disciplinen nicht. Das 'Gute' erscheint ihm nicht als ein bloß Seinsollendes, sondern zugleich als ein ewig Seiendes. Sowohl der einzelne Mensch, als die Gesellschaft und die Geschichte der Gesellschaft sind für ihn 'Momente in der Entwicklung des Absoluten'. Als 'gut' erscheint ihm daher, was dem Sinn dieser Entwicklung sich anbequemt.

Dritter Abschnitt.
Religionsphilosophie.

§ 21.

Ein gemeinsamer Abschluß für die theoretischen und die praktisch-philosophischen Untersuchungen wird in der **Religionsphilosophie** gesucht.

Wir bezeichnen diesen Teil gerade mit **diesem** Namen, weil in der **Religion** das menschliche Gemüt stets diesen Abschluß seiner Weltansicht gesucht hat, d. h. Gewißheit über die letzte und höchste Ursache der Wirklichkeit, von welcher jede Einzeluntersuchung, da sie von beschränkten Punkten ausgeht, nur eine einseitige Aufklärung giebt; — ganz besonders aber Gewißheit darüber, wie das, was in unserm Gewissen als das einzig Wertvolle erscheint, wie also das 'Gute' und das 'Schöne' eine ihrem Wert entsprechende Geltung in dem Ganzen der Welt besitzen; — endlich eine aus den Resultaten dieser Bemühungen folgende Ergänzung unsrer **Erfahrung** von der Welt durch die Anschauung einer der Erfahrung entzogenen übersinnlichen Fortsetzung der Welt.

Alle diese Aufgaben hat in der 'Religion' entweder das Gemüt durch lebendige Phantasie gelöst oder eine Offenbarung hat die Lösung gegeben. Im ersten Fall hat die Philosophie die Beweggründe, von denen die Phantasie geleitet wurde, aufzuklären, zu prüfen und zu berichtigen. Im zweiten hat sie nachzuweisen, welchen an und für sich berechtigten Forderungen des Gemütes die 'Offenbarung' eine von der Vernunft nicht erfindbare, wohl aber, wenn sie da ist, verständliche Befriedigung gewährt.

Aber auch abgesehen von diesem Verhältnis zur 'Religion' als einer vorgefundenen Thatsache, hat die Philosophie die größte Aufforderung in sich selbst, über den Zusammenhang ihrer theoretischen und ihrer ethischen Weltansicht nachzudenken.

§ 22.

Gelänge diese Aufgabe vollständig, so würde die 'Religionsphilosophie' unmittelbar aus dem Wege der Untersuchung in den Weg einer stetigen, systematischen Darstellung der philosophischen Wahrheit übergehen können, da sie ja alle Resultate der Untersuchung in eine Einheit verschmolzen hätte.

Allein die Philosophie endigt hier mit einem unerreichbaren Ideal: nämlich mit der Überzeugung, daß die allgemeinen denknotwendigen Gesetze, nach denen wir alle Wirklichkeit beurteilen, zweitens die Urthatsachen dieser Wirklichkeit, drittens die höchsten Ideen des Guten und Schönen, die uns als letzte Zwecke der Welt vorschweben, vollkommen zusammengehörige Momente eines und desselben höchsten Prinzips, der Natur Gottes sind, daß wir aber gleichwohl diese Zusammengehörigkeit nicht nachweisen können. Daraus, daß diese allgemeinen Gesetze der Mathematik gelten, folgt nicht, daß diese empirisch gegebene Natur notwendig, eine andere unmöglich ist. Beide, die Gesetze wie die Thatsachen, scheinen uns möglich und gültig, auch wenn keine Idee des Guten die Welt beherrschte. Kurz, für uns sind Gesetze, Thatsachen und Zwecke (Ideen) drei voneinander verschiedene, auseinander nicht ableitbare Prinzipien.

Deshalb wird die Philosophie njemals eine solche stetige Wissenschaft sein, daß sie von Einem höchsten Prinzip aus alle ihre Resultate in stetiger Reihenfolge ableiten könnte, sondern ihre Untersuchungen werden in metaphysische über die Möglichkeit, in naturphilosophische über den faktischen Zusammenhang der Wirklichkeit, und in religionsphilosophische über die ideale Bedeutsamkeit und die Zwecke des Weltlaufs zerfallen.